青春文庫

刀剣・兜で知る
戦国武将40話

歴史の謎研究会［編］

青春出版社

はじめに

戦国武将にとって、愛用の刀剣や甲冑《かっちゅう》は自分の分身のようなものだった。それだけに、好みに合った刀剣や甲冑を手に入れるため、あらゆる努力を惜しまなかった。

たとえば、刀剣。戦国三英傑《えいけつ》と評される織田信長《おだのぶなが》、豊臣秀吉《とよとみひでよし》、徳川家康《とくがわいえやす》もまた、名刀を蒐集《しゅうしゅう》することに心血を注いでおり、信長の「不動行光《ふどうゆきみつ》」、秀吉の「一期一振《いちごひとふり》」、家康の「藤四郎吉光《とうしろうよしみつ》」などが後世に名を残している。甲冑にこだわる武将も多く、奇抜な形・意匠を施した兜《かぶと》を着用する武将も珍しくなかった。

本書は、こうした戦国武将ゆかりの武器・武具、さらに茶道具に代表される器物なども俎上《そじょう》に載せ、武将らとの間に存在する秘められた逸話をバラエティー豊かに取り上げた。なぜ妖刀村正《むらまさ》は徳川家に祟《たた》ったのか。黒田武士・母里太兵衛《ぼりたへえ》が日本一の槍《やり》を〝呑み取った〟いきさつとは……。

これらの逸話から、おなじみの戦国武将たちを、さらに身近に感じてもらえたらこれ以上の喜びはない。

二〇一七年十一月

歴史の謎研究会

刀剣・兜で知る戦国武将40話◇目次

第一章❖乱世を手中に収めた武将たち

第二章❖戦場を駆け抜けた男たち

第三章❖運命に翻弄されたあの人たち

第四章❖激動の時代の立役者たち

第五章❖歴史の舞台裏で活躍した者たち

カバーイラスト／©御歌頭
本文挿絵／永井秀樹
本文写真提供／毎日新聞社
フォトライブラリー
国立国会図書館
近江日野商人館
良玄寺蔵・千葉県立中央博物館大多喜城分館提供
浜名湖舘山寺美術博物館
可部屋集成館
最上義光歴史館
熊本県立美術館
本文デザイン・ＤＴＰ／センターメディア
協力／カミ通信（新明正晴）

第一章 ❖ 乱世を手中に収めた武将たち

信長、秀吉、家康、三英傑に渡った名刀「不動国行」

❖土地をもらうよりうれしかった？

戦国期、合戦で活躍した家来に対し、その恩賞・褒美《ほうび》として刀剣の類《たぐい》を頻繁《ひんぱん》に下《か》賜《し》した最初の武将は甲斐《かい》の虎・武田信玄《たけだしんげん》であったという。本当なら、合戦で敵から奪い取った土地の一部を与えたいところだが、土地には限りがある。そう毎度毎度戦《いくさ》に勝利するという保証もない。

その点、刀剣なら新たに購入したり製造したりすれば、ほぼ無限だ。そこで信玄は、刀剣や甲州金（金貨）などを大量に側近《そっきん》に持たせて出陣し、家来の中に手柄を立てた者がいると、その場でそれらを褒美として与えたという。大勢の仲間たちの視線があるなか、総大将手ずからの褒美をもらうことで、もらった家来は大いに面目を施したことは想像に難《かた》くない。

人によっては、土地をもらったよりうれしかったかもしれない。それでいて信玄の腹はそれほど痛まないのだから、まさに一石二鳥だった。

織田信長《おだのぶなが》、豊臣秀吉《とよとみひでよし》、徳川家康《とくがわいえやす》の戦国三英傑《えいけつ》の中で、この信玄のやり方をそのまま踏襲《とうしゅう》したのが、秀吉だった。秀吉は、一介の草莽《そうもう》の民《たみ》からのし上がった苦労人だけに、人心掌握《しょうあく》の術《すべ》を知り抜いていたのである。

本項では、三英傑の手から手へと渡った名刀「不動国行《ふどうくにゆき》」を取り上げ、この刀をめぐって秀吉と家康との間で繰り広げられた駆け引きにスポットを当てた。

✤刀身には不動明王像の装飾彫りが

天下の名刀・不動国行が秀吉の手に渡ったのは、本能寺の変のあとだった。この刀は、鎌倉時代中期から南北朝にかけて、山城国《やましろ》（京都府南部）で活躍した刀工の一派、来派《らい》の実質的な流祖とされている来国行の作で、刀身に不動明王像の装飾彫りが施されていたことから、その名が付いたという。

のちに家康の手に渡り、徳川家の所有となるのだが、明暦《めいれき》三年（一六五七）の明暦の大火によって惜しいことに焼失したという。異説もあり、焼失しておらず、焼け残った刀身を信国重包《のぶくにしげかね》に命じて再刃（再び焼き入れを施すこと）させたが、のちに行方不明になったという。いずれにしろ、現代に伝わってはいない。

史料によると、不動国行の刃長は一尺九寸三分五厘（五十八・六センチ）と記録されている。小太刀《こだち》の部類に入る刀だ。つねに権力者のそば近くにあって、これほど戦国乱世の変遷《へんせん》をつぶさに見てきた刀も珍しい。

鎌倉時代中期の作とみられているが、当初、誰が所有していたかはわかっていない。室町《むろまち》時代に入ると、足利《あしかが》将軍家の持ち物となった。この足利家から不動国行を奪い取った人物こそ、乱世の梟雄《きょうゆう》（残忍で猛々《たけだけ》しい人の意）として知られる松永弾正《まつながだんじょう》久秀《ひさひで》である。

永禄《えいろく》八年（一五六五）五月、畿内《きない》の有力一族であった三好《みよし》氏が二条御所を襲撃して十三代将軍足利義輝《よしてる》を殺害した際、その混乱に乗じて三好氏に仕《つか》えていた久秀が不動国行をちゃっかりわがものとしてしまう。

ところが、織田信長が足利義昭《よしあき》（のちの十五代将軍）を奉《ほう》じて上洛《じょうらく》した際、久秀は信長に対し、不動国行と名物茶器（茶入）「九十九髪茄子《つくもなす》」を献上して大和《やまと》（奈良県）一国を安堵《あんど》されている。

✤家康に鼎の軽重を問われる

無類の愛刀家でもあった信長は特にこの不動国行を気に入り、酒に酔って興がのると膝を叩きながら、

「不動国行、つくも髪、人には五郎左御座候《ごろうざ》～」

と自作の歌をよく歌ったという。なお、この歌に登場する刀は「不動行光《ゆきみつ》」のことだとする異説があることを付記しておく。また、つくも髪とは不動国行同様、松永久秀から召し上げた九十九髪茄子のことで、五郎左とは信長の寵臣《ちょうしん》・丹羽長秀《にわながひで》のことだ。信長は短い歌の中に自分の好きなものを並べ立てたのである。

本能寺の変後、安土城《あづち》にあった不動国行は明智光秀《あけちみつひで》の重臣明智左馬助《さまのすけ》の手に渡った。しかし、左馬助は近江国《おうみ》（滋賀県）坂本城にいたところを、秀吉方の堀秀政《ほりひでまさ》勢に包囲されたため、天下の名物を城と運命をともにさせるのは忍びないと考え、不動国行を含む名物一式を天守閣から敵の頭上に縄で下ろして堀秀政に託した。こうして不動国行は新しい天下人、秀吉の手に移ったのである。

ところが、信長も愛したほどの名刀だったが、秀吉はこれをあっさり手放している。家康にあげてしまったのだ。なぜなら、賤ヶ岳《しずがたけ》の戦いで柴田勝家《しばたかついえ》に勝利し、天

下の覇権《はけん》をほぼ手中に収めた秀吉に対し、その戦勝祝いとして家康が、自ら所有していた茶入「初花《はつはな》」を献上してきたからだ。

あのしぶちんで有名な家康が、大名物として聞こえた初花を贈ったのは、それによって秀吉が天下人たるにふさわしい度量を持ち合わせているか否かを探る狙いだった。つまり、秀吉にとっては家康に鼎《かなえ》の軽重《けいちょう》を問われた（人の能力を疑うことの意）わけである。

✤刀狩で集めた刀を有効利用

秀吉はそんな家康の真意を百も承知で、初花を超えるお返しとして宝物蔵の中から不動国行を選び出し、家康に与えたのである。こうして、足利家から信長、秀吉と継承された稀代《きだい》の名刀は徳川家康が所有するところとなった。

その後、九州を平定し、天下統一を目前にした秀吉は、頭の痛い問題に直面する。ほぼ日本全土に自分の支配が及んだいま、家来に恩賞として与える土地がなくなってしまったのだ。旧主信長のように茶器を与えるという手もあるが、皆が皆、茶器をもらって喜ぶとは限らない。第一、名物と呼ばれる茶器の数にも限りがあった。

困っていると、やがてある名案が思い浮かんだ。天正《てんしょう》十六年（一五八八）七月に布告した「刀狩令《かたながりれい》」によって、秀吉のもとには全国から刀剣類が山の如く集まっていたのだが、その中からこれはと思った名刀を選び出し、それを家来への褒美として利用することを思い付く。

家来（武士）に与える、土地に代わる恩賞として刀剣ほどふさわしいものはないと秀吉はにらんだのである。きっと秀吉は、賤ヶ岳後、家康に惜しげもなく不動国行を与えて精神的優位に立ったことが忘れられなかったのであろう。

さっそく秀吉は、当代随一の刀剣の目利きであった本阿弥光徳《ほんあみこうとく》に選別作業を命じた。光徳は弟子たちと一緒に一振り一振り丹念に調べ、出来のよい刀には名前や形だけでなく値段まで書き入れた「折紙《おりがみ》」と呼ばれる鑑定書を付け、秀吉に差し出した。この「折紙付きの刀」が秀吉の手から家来たちに渡ると、もらった側は大いに感激したという。

こうして、日本刀を美術品として愛好し蒐集《しゅうしゅう》する習慣が生まれたのは、このときの折紙付きの刀が登場してからであった。その裏には秀吉と家康との間で、名刀不動国行をめぐっての暗闘があったことを記憶にとどめておきたい。

徳川家に次々と災いをもたらした妖刀「村正」の謎

✤武士がたばさむ刀に非ず

「妖刀」と形容される刀もそうはない。今日、われわれが妖刀と聞いて、まっ先に思い浮かべるのは「村正《むらまさ》」の刀であろう。徳川家康《とくがわいえやす》が、御家《おいえ》に仇《あだ》なす刀としてこれを徹底して遠ざけ、一族はもとより家臣らにも所有することを禁じたほど忌《い》み嫌った刀である。

したがって、徳川家を打倒しようと野望を持つ者たちには、かえって村正が好まれた。大坂の陣で家康をあと一歩まで追い詰めた真田幸村《さなだゆきむら》（信繁《のぶしげ》）、徳川家に対し謀叛《むほん》を企《くわだ》てた由比《ゆい》（井）正雪《しょうせつ》も村正を所有した。さらに幕末維新期を迎えると西郷《さいごう》隆盛《たかもり》をはじめ倒幕《とうばく》派の志士《しし》たちが競って村正を買い求めたという。

そんな村正は、虚実入り混じった様々な伝説に彩られた刀として有名だ。いったん抜いたからには血を見なければおさまらない、血に飢えて毎日夜泣きする――などなど。なかでも次のような逸話がよく知られている。

村正の刀と、これも名刀と称された正宗《まさむね》の刀と、どちらがより切れる刀であるか比べてみようということになり、まず、村正を小川のせせらぎに、刃先を上流に向けて突き立てた。すると、一枚の木の葉が流れてきて、村正の刀に吸い寄せられるように近付いたかと思うと、次の瞬間、木の葉はすっぱりと両断されてしまった。つづいて正宗。またも同じように木の葉が流れてきたが、今度は刀に当たる寸前に木の葉のほうからよけて下流へ流れていったという。

このことから村正は、「刀は本来、身を守るためにあるもの。村正の刀は自ら争いや災いを引き寄せる妖刀であって、武士がたばさむ刀に非《あら》ず」との評価を受けてしまったという。

むろん、この逸話は虚構《フィクション》で、後世、村正が徳川家から忌み嫌われているという事実を基に講釈師が張扇《はりせん》の中からたたき出した話である。しかし、こうした伝説や虚構がまことしやかに流布《るふ》するくらいだから、江戸時代を通じて村正が忌まわしい刀として広く世間に認識されていたことがわかる。

そもそも家康は、ただの武器にすぎない刀を、なぜそこまで嫌ったのであろうか。

そのあたりの謎に迫ってみることにしよう。

✤余計な装飾を嫌った家康

村正は、室町時代から江戸初期にかけて、伊勢《いせ》国（三重県）桑名で活動した刀工集団の名で、初代村正は美濃《みの》国（岐阜県）の出身という。戦国期に製作された刀特有の折れにくい実用性と切れ味のよさをあわせ持った刀として知られ、当時の愛刀家の間では「合戦の役には立つが、垢《あか》抜けない刀」という評価が一般的だった。

妖刀というからには、細身で、刀身に装飾彫りの一つも施された華麗な刀を想像する向きも多いだろうが、実際の村正は肉厚で武骨な刀が多かった。

最初にそんな村正を愛したのは、織田信長《おだのぶなが》でも豊臣秀吉《とよとみひでよし》でもなく、徳川家康だった。蒐集品《コレクション》にはその人の性格が色濃く反映されると言われるが、人の目を愉《たの》しませる華麗さはないものの、実用一辺倒の村正を家康は殊更《ことさら》愛した。それはまさに、家康の飾らない実直な性格を反映したものだったからである。

家康が実用的な刀を好んだということに関して、それを裏付ける証拠がある。

秀吉が太閤《たいこう》と称していたころ、五大老（家康、宇喜多秀家《うきたひでいえ》、上杉景勝《うえすぎかげかつ》、前田利家《まえだとしいえ》、毛利輝元《もうりてるもと》）の佩刀《はいとう》を見ただけで、この刀はだれの、この刀はだれのと正確に持ち主を言い当てたことがあった。

例えば、宇喜多秀家については「秀家は贅沢《ぜいたく》で華麗な物を好むから、この黄金《こがね》造《づくり》の刀」といった具合。そして、家康については「余計な装飾の無い、この黒塗りの刀」と見事に言い当てたのである。さすがは人の性格を見抜くことに長《た》けた秀吉らしい逸話であると言えよう。

✤村正と徳川家をめぐる因縁

そんな家康が、急に村正を遠ざけるようになったのは、嫡男信康《ちゃくなんのぶやす》の死が原因だった。信康は信長から謀叛を疑われ、二十一歳で自害させられた悲劇の青年武将である。家康は最愛の息子が村正の刀で介錯《かいしゃく》——首を斬り落とされたことを知るや、

「こののちは当家にある村正をすべて取り捨てよ」（『徳川実紀《じっき》』）

と側近に命じたという。

実はそれ以前から、村正と徳川家との間に因縁《いんねん》はあった。家康の祖父・松平清康《まつだいらきよやす》が家臣の手で殺害されたときも、父広忠《ひろただ》が同じく家臣によって暗殺されたときも、

使われたのは村正の刀だった。そしてこのたびの信康の自害である。さすがの家康も、「村正が祟《たた》っている」と思ったのも無理からぬことだった。

しかし、これはよくよく考えれば村正にとってはいい迷惑だった。なぜなら、当時の松平家（徳川家）が所有する刀にはたくさんの村正作が含まれていたからだ。このころの武士は、自分の地元かその近在にいる刀鍛冶《かじ》から刀を買い入れるのが普通だった。他国との交流が活発でなく、物品が流通するための環境も整っていなかったからである。

遠国にある有名な刀産地から仕入れようとすると、莫大な費用《ついえ》がかかった。この信康が亡くなったころの家康には到底そんな財力はない。そこで本拠地である三河《みかわ》（愛知県東部）からほど近い桑名にいる刀鍛冶――村正から頻繁《ひんぱん》に刀を仕入れたのである。村正は質実剛健を旨《むね》とする松平家が最も好む刀の一つだったのだ。

✤尾張徳川家に伝わる村正

したがって、祖父清康も父広忠も嫡子信康も、その死に使われた刀が偶然にもそろって村正だったという話ではなくて、松平家に多くあった村正がたまたま使われただけとみたほうが正しいだろう。

しかし、さすがの家康も愛息の死に直面してわれを忘れ、思わず「村正の廃棄《はいき》」を命じてしまったのであろう。以来、村正は徳川家に仇なす妖刀として世間に流布することになるわけである。

最後に、そんな家康の「村正嫌い」を覆《くつがえ》す逸話を一つ紹介しておこう。

尾張徳川家の家宝を多く収蔵する「徳川美術館」（名古屋市）に、家康の形見として一振りの村正が伝来していることをご存じだろうか。この刀は『駿府御分物御《すんぷおわけものお》道具帳《どうぐちょう》』にも、家康の遺品として記録されている由緒正しいものだ。きっと家康は、周囲には「廃棄」を命じておきながら、自分一人になったときは密《ひそ》かにこの村正を取り出し、陶然と眺めて悦に入っていたのではないだろうか。

武田軍から家康を救った秘刀「藤四郎吉光」とは

✤秀吉は熱心な吉光コレクター

名刀コレクターの豊臣秀吉《とよとみひでよし》が最も愛したのが、鎌倉中期に山城《やましろ》（京都）で鍛刀《たんとう》していた粟田口藤四郎吉光《あわたぐちとうしろうよしみつ》の刀である。秀吉自身、吉光のことを、相州《そうしゅう》鎌倉の正宗《まさむね》、越中《えっちゅう》（富山）の郷義弘《ごうのよしひろ》と並ぶ天下三刀工の一人にあげるほど高く評価していた。

吉光の刀はほとんどが短刀だが、秀吉は希少な太刀も所有していた。それこそが「一期一振《いちごひとふり》」の異名を持つ太刀で、足利《あしかが》十五代将軍義昭《よしあき》から頂戴したものという。また、同じ吉光作で「骨喰藤四郎《ほねばみ》」という変わった名前の脇差《わきざし》も所有していた。

秀吉所有の吉光の短刀コレクションの中では、「薬研藤四郎《やげん》」「包丁藤四郎」「鯰《なまず》尾《お》藤四郎」などがよく知られている。

こうした吉光の刀は、秀吉に限らず多くの大名たちから好まれた。その理由だが、姿形が美しく、よく斬れることはもちろんだが、もうひとつ、「吉光の刀は主人を切腹させない」という伝説がまことしやかに語られていたからである。

✤鉄の薬研に突き刺さる

その伝説のもとになった刀が、畠山政長《はたけやままさなが》の所有していた薬研藤四郎である。畠山政長といえば室町時代後期から戦国時代前期にかけての武将・守護大名で、あの応仁の乱の端緒《たんしょ》となった「御霊合戦《ごりょう》」を引き起こした人物としても知られる。

応仁の乱終息後、政長は畠山一族の権力闘争に敗れ、自害を図ろうとするのだが、そのとき使ったのが藤四郎吉光の短刀だった。

政長は居城である正覚寺城《しょうがくじ》（大阪市平野区）を畠山義豊《よしとよ》の軍に包囲されると奥の一室にこもり、おもむろに切腹の仕度を始めた。数人の家臣が見守るなか、政長は作法通り腹をくつろげ、自らの吉光の短刀で切腹を試みようとした。ところが手の震えによるものなのか、短刀がうまく腹に突き刺さらないのだ。二度三度と突き立ててみるが、結果は同じだった。

家臣の前で無様な姿を見せたくないと思った政長は、かっとなり、

「この鈍《なまくら》め！」

と叫んで、手にした短刀を打ち捨てたところ、近くにあった鉄製の薬研（漢方薬を作る際、植物などを粉に挽《ひ》くときに用いる器具）にグサリと突き刺さったという。

そののち、政長は家臣の一人から短刀を借りてなんとか切腹を果たすのだが、この一件以来、政長が持っていた吉光の短刀は薬研藤四郎と呼ばれるようになった。

さらに「吉光の刀は主人を傷付けない。主人を守る刀である」という伝説が一人歩きするようになり、大名たちはこぞって吉光の刀を購《あがな》うようになったという。

――この畠山政長と同じような体験をしたのが、誰有ろう、徳川家康《とくがわいえやす》である。それは、甲斐《かい》の虎・武田信玄《たけだしんげん》との戦い――三方ヶ原《みかたがはら》の戦いで起こった。

✤一度は藤四郎吉光を抜き放つ

この三方ヶ原の戦いでは、家康率いる徳川軍一万一千が、戦国最強とうたわれた武田軍二万五千のために壊滅状態になったのはご存じのとおり。

這這《ほうほう》の体《てい》で浜松城に逃げ帰った家康は、生きた心地もせず、武田軍が押し寄せてくるのをただじっと待った。やがて緊張感に耐えきれなくなった家康は自棄《やけ》になり、自害を思い立つ。そして腰の藤四郎吉光の短刀を抜き放ったが、冴え冴えとした刀身を見ているうちに心が落ち着いてきて、自害を取り止めたという。

まさに、噂《うわさ》どおり、藤四郎吉光は「自害しようと思ってもできない刀」だったのである。そのうち、なぜか武田軍は浜松城には目もくれず、西上作戦を続行した。さらに、その西上作戦も途中で切り上げ、甲斐に帰って行ったから、ますます家康は狐に化かされたような気持になった。あとで知ったのだが、このとき信玄の体調が急変し重篤《じゅうとく》な状態にあったのだという。

いずれにしろ、これで家康は窮地を脱した。見方を変えれば、藤四郎吉光の短刀を抜いたことで、その霊力によって武田軍を追い払うことができたのである。

史料の中には、このとき家康が実際に短刀を腹に突き立てたと記録しているものもある（『松雲公御夜話《しょううんこうおんやわ》』）。しかし、畠山政長のときと同様、なぜか腹に刺さらなかった。あとでその短刀を岩に突き立てると、なんなく突き刺さった。これぞ、御《ご》神君《しんくん》（家康のこと）の御威徳《ごいとく》の賜物《たまもの》、というわけである。

まあ、この話は畠山政長のまったくの二番煎じで、家康をことさら神格化しようとする思惑《おもわく》で書かれた法螺《ほら》話であることは間違いなかろう。

しかし、藤四郎吉光の短刀を一度は抜いて死のうとしたのはどうやら真実のようである。のちに古狸《ふるだぬき》とあだ名された家康もこの三方ヶ原の戦いのときは三十一歳。まだまだ血気盛んな青年武将だったのである。

愛刀「圧し切長谷部」から明かされる覇王、信長のもうひとつの顔

❖桶狭間の戦いの戦利品として

織田信長《おだのぶなが》は、熱烈な名刀の蒐集家《しゅうしゅうか》でもあった。特に愛した刀が、先述の「不動《ふどう》国行《くにゆき》」のほかにもう二振りある。「宗三左文字《そうざさもんじ》」と「圧《へ》し切長谷部《きりはせべ》」である。

宗三左文字は別名「義元左文字《よしもとさもんじ》」とも呼ばれる刀で、無銘だが作風から推《お》して南北朝時代の刀工で左文字派の祖・左衛門尉安吉《さえもんのじょうやすよし》の作とみられている。もともと畿内の戦国武将・三好政長《みよしまさなが》（別名三好宗三）が所有していたが、甲斐《かい》（山梨県）の武《たけ》田信虎《だのぶとら》（信玄《しんげん》の父）に渡り、さらに信虎の長女が東海の今川義元《いまがわよしもと》に嫁ぐ際、舅《しゅうと》から新郎に贈る「婿《むこ》引き出物」として義元の手に渡ったものである。

義元はこの宗三左文字を大切に保管していたが、桶狭間《おけはざま》の戦いで信長に討たれると、刀は信長の戦利品となった。信長はこの刀をたいへん気に入り、もともと二尺六寸あった刀身を二尺二寸一分（六十七センチ）にまで磨《す》り上げ、茎《なかご》に金象嵌《きんぞうがん》で、義元が討たれたときに所持していた刀であることを刻し、あわせて「織田尾張守《おわりのかみ》信長」とわが名を入れるほど愛蔵した。

『信長公記《しんちょうこうき》』にもこの宗三左文字は登場し、「このたび手に入れた義元の刀を何度も試し斬りさせ、そののち自分の差料《さしりょう》とした」といった意味のことが書かれている。戦国の表舞台に躍り立つきっかけとなった合戦の戦利品だけに、殊更《ことさら》愛着を感じていたのだろう。

本能寺の変に遭ったときも信長は宗三左文字を手元に置いていたという。その後、焼け跡から拾った豊臣秀吉《とよとみひでよし》が再刃（焼き入れをし直すこと）し、息子秀頼《ひでより》に与えた。さらに徳川家康《とくがわいえやす》へと渡り、以来、徳川将軍家が代々秘蔵した。明治維新を迎えると徳川宗家から、明治天皇の御下命により創建された織田信長を祀《まつ》る「建勲神社《たけいさおじんじゃ》」（京都市）に寄進され、現在に至る。

✤女をからかった足軽の首を刎ねる

次の圧し切長谷部だが、なんとも変わった名前だ。これについては、そもそも信長の短気が発端になっている。

人一倍の癇性《かんしょう》（神経質で短気なこと）だった信長は、自分に刃向かう相手に対し、ときには一族郎党を根絶やしにするほど苛烈《かれつ》な態度で臨《のぞ》んだが、それは自分の家来に対しても同じだった。たとえ家来といえども、自分の意に背《そむ》いたことをすれば、たちまち粛清《しゅくせい》の刃《やいば》をふるった。こんな話がある。

信長が、室町幕府の新将軍となった足利義昭《あしかがよしあき》のため京都に二条御所を築城したことがあった。その普請《ふしん》に際し信長は自ら指図役を買って出、人夫らと一緒になって汗を流したという。その作業の様子をひと目見ようと連日大勢の見物客が集まった。

そんなある日、足軽の一人が作業を怠《なま》け、見物に来ていた若い女性をからかうのを遠くのほうから目ざとく見つけた信長が、その足軽に疾風《しっぷう》の如く駆けより、一刀のもとに首を刎《は》ねたという。まさに、一瞬のうちの出来事だった。――これはイエズス会宣教師ルイス・フロイスが著した『日本史』の中にある話である。

また、信長が琵琶湖の竹生島《ちくぶしま》に参拝に出かけた際、予定よりも早く安土城に戻って来てしまうということがあった。鬼の居ぬ間に、と近所の寺へ参詣に出かけた腰元女中たちは驚き慌《あわ》てたが、後の祭だ。

職務怠慢だとして、全員、縄で縛りあげ、女中たちの命乞いを申し出たその寺の僧侶共々、「成敗」したと、『信長公記』にある。家来たちにとってはこれほど緊張感を強いられる主君もほかに居なかったに違いない。

圧し切長谷部は、まさにそんな信長の短気さを象徴するような刀剣だった。

✤膳棚ごと圧し斬った？

元来は三尺近い大太刀であったものをのちに二尺一寸四分（六十四・八センチ）まで磨り上げたという。このとき茎に入っていたはずの銘も無くなってしまった。ところが江戸時代に入り、著名な刀剣鑑定家の本阿弥光徳《ほんあみこうとく》が、鎌倉時代末期から南北朝時代にかけて活動した山城《やましろ》（京都）の名工・長谷部国重《はせべくにしげ》の作と鑑定し、金象嵌による鑑定銘が茎に入れられた。

圧し切りの由来については、黒田家の『御当家御重宝故実《ごとうけおんじゅうほうこじつ》』に次のような話が記録されている。

ある日、信長に無礼を働いた観内《かんない》という名の茶坊主がいた（どんな無礼を働いたかは不明）。観内は手討ちにされることを恐れ、一目散に信長のもとから逃げて台所に入ると、御膳《おぜん》をしまっておく棚の下に隠れてしまった。

刀を引っ提げ、文字通り押っ取り刀で台所にやってきた信長。すぐに観内を見つけると、刀を振りかぶって斬り捨てようとしたが、膳棚が邪魔になって思うようにいかない。そこで仕方なく刀を棚の中に突っ込んで観内の体に押し当てたところ、大して力をかけずとも観内を斬ることができた。つまり刀身を当てて「圧し斬った」ことから、この名が付いたという。

このほか、膳棚に刃を当て、棚ごと観内の体を圧し斬った、とする史料もあるようだが、これはいくらなんでも眉唾《まゆつば》だろう。いずれにしろ、このときの信長の怒りの凄まじさを想像すると、だれしも身がすくむ思いがするはずだ。

その後、圧し切長谷部は豊臣秀吉から黒田官兵衛《かんべえ》（如水《じょすい》）に贈られた（信長から直接官兵衛に渡ったとする異説あり）。以来、黒田家の家宝の一つとして伝来し、現在では国宝に指定され、福岡市博物館で大切に保管されている。

青年家康を見守った黄金の甲冑「金溜塗具足」に隠されたドラマ

✤桶狭間以前の戦いぶりとは

徳川家康《とくがわいえやす》を祀《まつ》る久能山東照宮《くのうざんとうしょうぐう》（静岡市）に併設された博物館には、元服間もないころの若い家康が着用していたとされる黄金に輝く甲冑《かっちゅう》、その名も「金溜塗具足《きんためぬりぐそく》」が展示されている。

この甲冑は、十九歳のときの家康が人生で二度目の合戦で最初に着用し、以来、青年期には合戦のたびに好んで着用したとされている。その意味では、家康の出世を見守ってきた縁起のよい甲冑であると言えよう。

家康の人生で二度目の合戦とは、桶狭間《おけはざま》の戦いの前哨戦《ぜんしょうせん》とも言われる「大高《おおたか》城の兵糧《ひょうろう》搬入」を指す。この戦《いくさ》で家康は、敵（織田《おだ》方）の重囲《じゅうい》を突破して味方の大高城に見事兵糧を搬入することに成功し、一躍武名をとどろかせた。

本項では、家康の生涯でも桶狭間以前のあまり知られていない初期のころの合戦の様子を取り上げながら、このころに愛用した黄金の甲冑の詳細についても触れてみたい。

✤初陣とは思えない老獪さ

徳川家康の初陣《ういじん》は、永禄《えいろく》元年（一五五八）二月、三河《みかわ》国賀茂《かも》郡（現在の愛知県豊田市）寺部《てらべ》城の鈴木重辰《すずきしげたつ》を攻めた合戦だと言われている。

このとき家康十七歳。このころの家康は駿河《するが》国（静岡県）の今川義元《いまがわよしもと》のもとで窮屈な人質生活を送っていた。家康が領国三河を出て今川氏の人質になったのは六歳のときだから、すでに人質生活は十年を越えていたことになる。

十五歳で今川氏のもとで元服し（十四歳説もあり）、義元から偏諱《へんき》（名前の一字をもらうこと）を賜《たまわ》って次郎三郎元信《もとのぶ》（のち元康《もとやす》と改名）を名乗る。義元の姪《めい》とされる瀬名《せな》姫（のちの築山殿《つきやまどの》）を娶《めと》ったのはその翌年のことだ。

やがて、今川氏が尾張《おわり》（愛知県西部）との国境をめぐって織田信長《おだのぶなが》と対立を深めるようになると、義元から直々に家康に対し、三河寺部城の鈴木重辰を攻めるよう命令が下る。もともと重辰は今川氏に服属していたが、勢いを増してきた信長に寝返ったため、義元はこれを看過《かんか》できず、実力行使に出たものだった。

勇躍した家康は、岡崎城で松平旧臣を糾合《きゅうごう》して軍勢を整えると、寺部城を指して進撃した。このとき家康は、鈴木重辰と共同戦線を張る周囲の諸城（梅ヶ坪《うめがつぼ》城、東《ひがし》広瀬《ひろせ》城、挙母《ころも》城、伊保《いぼ》城など）を攻略したのち、丸裸となったお目当ての寺部城を攻め落としている。栴檀《せんだん》は双葉より芳《かんば》し、これが初陣とは思えない老獪《ろうかい》さだ。

家康はこのとき「先に枝葉（諸城）を刈ってから根（寺部城）を断つべし」と語ったことが、『徳川実紀《とくがわじっき》』の中で記録されている。この言葉を聞いて譜代《ふだい》の老臣たちは「若殿はご立派に成長なされた」と感涙《かんるい》に咽《むせ》んだという。

今川義元は、この家康の予想以上の戦果に感服し、家康に松平旧領の一部を返納し、腰刀も贈っている。

✤家来たちから贈られた甲冑

寺部城攻めから二年がたった永禄三年五月、尾張への進出を開始した今川軍の先鋒となったのが、家康率いる精強無比の三河武士団だった。

このとき家康は、家臣たちから贈られたまばゆい黄金の甲冑を着用して出陣している。もともと家康は二年前に今川義元から初陣の祝いとして甲冑一式を贈られていたが、これがあまりにも粗末で家臣たちを嘆かせた。義元が日ごろ家康のことを「しょせん人質」と侮《あなど》っていた証拠だった。

そんな若い主君の境遇を憐《あわ》れんだ三河武士たちは、乏《とぼ》しい蓄えの中からお金を出しあって、このたびの黄金の甲冑を誂《あつら》えたのだった。

浜松城にある若き日の徳川家康像

全体が金箔《きんぱく》や金粉、漆《うるし》で仕上げられ、色彩こそ派手だが、その他の意匠面はいたって簡素で、三河武士の律義で朴訥《ぼくとつ》な気質をそのまま表現していた。家康はこの甲冑を初めて目にしたとき、家来たちの心遣いに、きっと瞼《まぶた》を熱くし、同時に一国の領主としての自覚を再認識したに違いない。

そんな黄金の甲冑を着る家康が今川軍の先鋒として義元に命じられたのが、今川方に属する尾張大高城（現在の名古屋市緑区）への兵糧搬入だった。城将鵜殿長照《うどのながてる》が守備する大高城がいまや孤立状態となり兵糧が尽きかけていることを知った義元は、危険を百も承知でその大役を家康に命じたのである。

大高城の近辺には丸根砦《まるねとりで》や鷲津砦《わしづ》といった織田方の要塞《ようさい》が築かれ、まともに大高城に入ろうとしたのでは、途中でそれらの要塞から出てきた織田の軍勢によって迎撃されることは火を見るより明らかだった。そこで家康は、ある奇策を思いつく。

✤頭上の重しが外される

家康は軍勢を割《さ》いて別働隊を出し、大高城より織田領内の奥にある寺部と梅ヶ坪を攻めさせたのだ。それと見て、丸根・鷲津の両砦から押っ取り刀で織田の軍勢が追撃を始めた。これは家康の仕掛けた罠だった。織田の包囲網が緩《ゆる》んだ一瞬の間隙《かんげき》を衝《つ》いて、家康の本隊は大高城に兵糧を運び入れることに見事成功する。五月十八日の深夜の出来事だった。

家康はその余勢をかって翌十九日未明、今川方の朝比奈泰朝《あさひなやすとも》とともに丸根・鷲津の両砦に攻めかかり、これをあっさり陥落させている。ここに至り、家来の三河武士たちは若い主君のことを、軍神の申し子のように仰ぎ見たに違いない。

その後、あとは今川義元の到着を待つばかりとなった家康だったが、その義元がやって来ることはついになかった。義元の本隊が来る代わりに「義元公が桶狭間で信長によって討ち取られたらしい」という飛報が味方の兵によって陣中にもたらされたのだ。それは十九日夕刻のことだった。

この日を境に、家康の運命が大きく転回したのはご存じのとおり。今川氏という頭上の重しが外されたことで、一国（三河）の領主として独立を果たし、織田信長とは軍事同盟を結ぶ間柄にまでなる。

これは信長が、それまでの寺部城攻略や桶狭間での一連の前哨戦で見せつけられた、家康とその配下の三河武士団の手強《てごわ》さに一目置いていたからにほかならなかった。怜悧《れいり》な信長だけに「厄介な相手は敵に回すより、味方にしてうまく利用したほうが得策」と考えたに違いない。

しかし、このことは家康にとっても大きな飛躍の転機となったのは、のちの歴史が証明している。身内の三河武士ばかりか、信長の目にも家康の黄金の甲冑は一際《ひときわ》まばゆく映っていたのである。

信長ですら集められなかった茶器「天下三肩衝」の行方

✤命名にはそれなりの教養が必要

茶道具というと、門外漢には茶碗《ちゃわん》や釜《かま》と風炉《ふろ》、茶入《ちゃいれ》、茶杓《ちゃしゃく》、茶筅《ちゃせん》、水指《みずさし》、柄杓《ひしゃく》、袱紗《ふくさ》……くらいしか思い浮かばないが、実際には花入や掛軸などまだまだ細々《こまごま》とした道具があるという。

そんな茶道具のなかでも、古来、見た目が特に美しいもの、あるいは名高い人物の所持品だった由緒《ゆいしょ》ある品は「名物」あるいは「大名物《おおめいぶつ》」と呼ばれ、固有の名前――銘《めい》が付けられ珍重されてきた。戦国時代にも刀や槍《やり》と同様、銘が付いた名物茶道具が少なからず存在した。以下で、茶聖・千利休《せんのりきゅう》関連の茶道具の中から特にユニークな銘をいくつか紹介してみよう。

まず、「俊寛《しゅんかん》」。利休が薩摩《さつま》（鹿児島県）にいる門人に茶碗を三碗送ったところ、門人は一つだけ頂戴して二碗を送り返してきた。のちに門人のところに残った黒楽《くろらく》茶碗は「俊寛」と命名された。これは、平氏《へいし》打倒の陰謀を企《くわだ》てた廉《かど》により、僧俊寛を含む三人が南海の孤島に流され、のち二人は赦《ゆる》されたが俊寛だけは島にとどめ置かれたという『平家物語』の故事にちなむ。現在は三井記念美術館が所蔵している。

❖茶杓を位牌に見立てて祈る

利休が初めてその美を見出した「ととや茶碗」というのもある。これは朝鮮茶碗に分類され、かの地では日常雑器として庶民の間でごく気軽に使われていたものという。利休が堺の魚屋《ととや》の棚から見つけ出したことから、その名が付いた。なかでも全体が黄色く薄手のととや茶碗を利休は最も好んだ。のちにその茶碗には「利休とや」—（藤田美術館蔵）の銘が与えられている。

茶杓にも銘入りがある。利休が豊臣秀吉《とよとみひでよし》から切腹を命じられた際、自ら竹を削って高弟古田織部《ふるたおりべ》に与えた「泪《なみだ》」（徳川美術館蔵）がそれである。銘は織部がのちに付けたものだ。これから死出の旅に出なくてはならない師匠の悲運を思っての命名であろう。織部はこの茶杓を利休の位牌《いはい》として扱い、日々拝み続けたという。

ちなみに、この「泪」ではないが、一九九六年十二月、テレビ東京系列で全国放送された「開運！ なんでも鑑定団」において、利休作の茶杓が出品され、当時、この茶杓一本になんと二千五百万円の評価額が付けられている。

――閑話休題《それはさておき》、このように茶道具もそれにふさわしい銘が付けられ、その銘が一人歩きするようになれば、もはや名物茶器の仲間入りと言えるだろう。本項では、群雄が割拠《かっきょ》した戦国期、「天下三肩衝《かたつき》」と称され、「三つすべてを集めることは天下を取るよりも難しい」と言われた茶入を取り上げ、それぞれの銘のいわれや伝来を追跡した。

さらに、もともとは足利《あしかが》三代将軍義満《よしみつ》が所有し、その後、豪商や戦国大名などの手から手へと渡り、あの戦国史を塗り替えた大事件・本能寺の変も間近で目撃したもうひとつの名物茶器「九十九髪茄子《つくもなす》」の数奇な運命についても語ってみよう。

✤楊貴妃の香油入れだった？

まず、茶入について簡単に説明しておこう。茶入とは茶の湯で用いられる濃茶《こいちゃ》用の抹茶《まっちゃ》を入れるための容器のことで、陶磁器製だ。それに対し薄茶用《うすちゃ》のそれは棗《なつめ》と呼ばれ、木製漆器《しっき》だ。形がナツメの実に似ることからそう命名された。

濃茶と薄茶それぞれの抹茶の違いだが、茶の木の樹齢の差などはあるものの、最も大きな違いは使う量と覚えておいて差し支《つか》えない。文字通り濃茶は薄茶よりも抹茶を多く使っているので（約三倍）、葛湯《くずゆ》のようにどろっと濃いのが特徴。その点、「お薄」とも呼ばれる薄茶はさらっとして慣れていない人でも飲みやすい。

今日わたしたちが和食料理店などでいただくのはほとんどこの薄茶だ。濃茶は茶道を本格的にたしなむ人でもなければ、まず味わう機会はない。しかし、戦国時代の茶の湯といえば、濃茶を指した。

今回取り上げた「天下三肩衝」はすべてこの濃茶用の抹茶を入れるための容器——すなわち茶入であった。肩衝とは上部の肩の部分が水平に張り出した茶入をいい、均整のとれたすっきりとしたシルエットが売り物だ。いずれも中国からの輸入品（唐物《からもの》）である。その三肩衝の顔ぶれだが、以下でざっと紹介しよう。

まず、「初花《はつはな》」。中国の南宋《なんそう》または元《げん》時代の作とされている。あの絶世の美女楊貴《ようき》妃《ひ》が愛用した香油壺《つぼ》だったという伝説もあるが、それは眉唾《まゆつば》だろう。日本には戦国時代に渡来し、足利八代将軍義政《よしまさ》が銘を付けた。初花とはその季節に一番早く咲く花を指し、その初花の気高さに勝るとも劣らないからだという。

✤残る一つは楢柴肩衝

その後、初花はわび茶の開祖とされる村田珠光《むらたじゅこう》の弟子鳥居引拙《とりいいんせつ》から京都の豪商大文字屋疋田宗観《ひきたそうかん》を経て、織田信長《おだのぶなが》に献上された。献上と言えば聞こえはいいが、早い話、信長の「名物狩り」によって、有無《うむ》を言わさず召《め》し上げられたのである。永《えい》禄《ろく》十二年（一五六九）のことだ。このころ信長は、三肩衝のうちのひとつ「新田《にった》肩衝」も入手し、残りは「楢柴《ならしば》肩衝」だけという状況だった。

初花をわがものとしてから八年たった天正《てんしょう》五年、信長は嫡男信忠《ちゃくなんのぶただ》が三位中将《さんみちゅうじょう》に昇進した祝いと家督相続の印《しるし》として初花を信忠に譲り渡している。この時点で初花が織田家を代表する家宝の一つと位置付けられていた証拠だ。

新田肩衝の銘と伝来だが、こちらも初花同様、中国の南宋または元時代の作という。南北朝時代、北条《ほうじょう》氏を滅ぼした新田義貞《にったよしさだ》が所有していたとされ、そこからこの名が付いたらしい。その後、前出の村田珠光から豪商茶人武野紹鴎《たけのじょうおう》の弟子で戦国武将の三好政長《みよしまさなが》（宗三《そうざ》）の手に移り、「名物狩り」によって信長の所有物となった。

こうして残りは楢柴肩衝だけとなり、どうしてもそれを欲しがった信長は、当時楢柴を所有していた博多の豪商茶人島井宗室《しまいそうしつ》に接近した。商売上の権益を保障するから楢柴を差し出せというのである。

楢柴肩衝の命名由来だが、表面の濃い飴《あめ》色の釉薬《ゆうやく》の濃いを恋にかけ、

　御狩《みかり》する狩場の小野の楢柴の　なれはまさらで恋ぞまされる

という万葉集に収められた歌（よみ人知らず）からとったという。これは、もともとの所有者で、初花も所有していたことがある足利義政の命名とされている。義政が亡くなると持ち主を転々とし、この時点で島井宗室の手に渡っていた。

✤権力者の夢を達成した秀吉

楢柴は三肩衝のなかでも特に格上とされていただけに、信長にすれば喉《のど》から手が出るほど欲しかったのである。ところが、天正十年（一五八二）六月の本能寺の変によって、それも実現不可能となった。

こうして信長の死により、三肩衝はまたも流転の道をたどるかと思われたが、そ

れに歯止めをかけ、三点すべてをわがものとした男がいた。豊臣秀吉である。秀吉は天正十五年十月、京都・北野天満宮境内で大茶会（通称北野大茶会《きたのだいさのえ》）を開くが、その茶会で参列者の前にこれらの茶入をずらりと並べてみせた。あの信長でさえも成し得なかった天下三肩衝をすべて集めるという、権力者の夢を実現し、秀吉はさぞかしご満悦だったに違いない。

秀吉没後、三肩衝を引き継いだのは徳川家康《とくがわいえやす》である。三肩衝はその後、徳川家の家宝となって代々伝わり、今日、初花は徳川記念財団が、新田肩衝は徳川ミュージアムがそれぞれ所蔵している。残る楢柴肩衝だけは行方不明で、一説に、明暦《めいれき》の大火（一六五七）で焼失した江戸城と運命を共にしたとも、あるいはまた、その大火で破損したもののあとで修繕《しゅうぜん》が施され、のち所在不明になったとも言われ、真相は不明だ。

天下三肩衝がそろう機会はもはや永遠にめぐってこないのだろうか――。

✤本能寺の変で焼失した？

これまで紹介してきた肩衝型と並んで人気がある茶入に、茄子形《なすび》がある。オーソドックスな白熱電球をひと回りも二回りも大きくしたような、丸々とふくらんだ茄子を思わせるところからその名が付いた。なかでも九十九髪茄子（九十九茄子、付藻茄子とも）は茄子形では最上位にランクされる唐物茶入である。

はじめ足利三代将軍義満が所有し、義満は戦場に出るときも手元から離さなかったほどこの茶入を愛した。その後、代々足利家に伝わったが、八代将軍義政のとき、義政は寵臣《ちょうしん》の一人にあげてしまう。

やがて前出の村田珠光が登場し、珠光は義政の茶の湯の師匠をしていた関係で、これを買い取る。このときの購入代金が九十九貫文だったことから、「つくも」の名が付けられたという。つくもは「次百《つぐもも》」を縮めたもので、『伊勢物語』にある、

百年に一年《ひととせ》たらぬ九十九髪《つくもがみ》（白髪のこと）われを恋ふらしおもかげに見ゆ

という和歌にちなみ、珠光が命名した。

その後、九十九髪茄子は戦国武将や豪商の間を転々としたが、京都で天文年間に起きた宗教一揆「天文法華《てんぶんほっけ》の乱」の混乱のさ中、手中に収めた男がいた。乱世の梟《きょう》雄《ゆう》こと松永久秀《まつながひさひで》である。熱烈な茶道具蒐集家であった久秀は、これを一千貫文で買い取った。現代の貨幣価値では一億円近い大金になるという。

久秀はのちに織田信長に帰属する際、降伏の証《あかし》として泣く泣くこの九十九髪茄子を献上している。

その後の九十九髪茄子の消息だが、本能寺の変で焼失したとする説がある一方で、信長から秀吉、秀吉から嫡男秀頼《ひでより》へと伝わり、大坂の陣で破損したため家康の命で藤重藤元《ふじしげとうげん》という漆塗りの名工に預けられ、修繕されたのち藤重家が代々管理したとする説がある。くだって明治の世になるとそれを三菱財閥が買い取り、現在では東京・世田谷の静嘉堂文庫美術館の所蔵品となっている。

第二章 ❖ 戦場を駆け抜けた男たち

福島正則から黒田長政に友情の証に贈られた兜「銀箔押一ノ谷兜」

✤戦国武将はなぜ目立つ兜を好むのか

戦国時代、合戦に明け暮れた武将たちは、ほとんど例外なく自分が使う兜《かぶと》にこだわりを持っていた。言うまでもなく、人体のなかで最も重要な頭部を守る防具だからだ。しかし、現代のヘルメットと大きく異なるのは、機能性一辺倒ではなく、そこに自分なりの個性を反映したデザイン性を取り入れていたことだ。

兜本体の形がユニークであるばかりか、兜の周囲に前立《まえだて》や脇立《わきだて》などと呼ばれる装飾物を施す例も多かった。武将たちがなぜこれほどデザイン性にこだわったかといえば、「目立ちたかったから」という一言に尽きる。

大将がそうした奇抜な兜を着用することで、味方の結束力や士気は大いに高まった。また、その他の将兵であれば、乱戦の中でも自分の存在が敵味方にかかわらず注目されるため、大した働きをしなくても「武勇の将」とみなされ、あとあと味方の大将から加増や褒美《ほうび》を頂戴することも多かった。まさに、目立ってナンボ、の戦国武将たちだったのだ。

✤兜の飾りには蜻蛉や毛虫もあった

戦国武将たちが愛用した変わり兜を、以下でざっと紹介してみよう。

最初に加藤清正《かとうきよまさ》。平安貴族などが頭に着用した立烏帽子《たてえぼし》をかたどった「長烏帽子《ながえぼし》形張懸兜《なりはりかけかぶと》」がそれ。兜本体の上に七十センチを超える長大な立烏帽子——和紙の張子《はりこ》がのっているのが特徴。和紙には黒漆《うるし》が塗られ、銀箔《ぎんぱく》が施されていた。

清正という人は、通説では百九十センチを超える大男だったと言われている。ところが、今日に伝わっている甲冑《かっちゅう》から推測すれば百六十センチ前後の身長になるという。これなら当時の成人男子の平均より若干高いくらいだ。そこから、この長大な兜をかぶった清正の姿を遠くから見た人が、勝手に清正を大男だと信じ込んでしまったのだという。

加賀《かが》百万石の礎《いしずえ》を築いた前田利家《まえだとしいえ》とその息子で初代藩主利長《としなが》の父子《おやこ》にも、似たような兜「銀箔押鯰尾形兜《ぎんぱくおしなまずおなりかぶと》」がある。文字通り、鯰の尾を模した兜で、全長は当時の成人男子ほどもあった。この時代、地下にいる大鯰が動いて地震を起こすと信じられていたため、大地を揺るがすほどのそのパワフルさにあやかろうとしたのだ。

動物を題材にした兜はほかに、その敏捷《びんしょう》性にあやかろうとして兎《うさぎ》の耳を模した上杉謙信《うえすぎけんしん》の兜、同様に敏捷に飛び回る燕《つばめ》の尾を模した蒲生氏郷《がもううじさと》の兜、まっすぐ前へしか飛ばず退《ひ》かないことから「勝虫《かちむし》」とも称された蜻蛉《とんぼ》の前立が付いた前田利家の兜、同様に後戻りしないことから毛虫の前立が付いた伊達成実《だてしげざね》(伊達政宗《まさむね》の重臣)の兜などが有名だ。

猛々《たけだけ》しい熊の頭部を再現した兜、牡鹿《おじか》の角《つの》を脇立に採用した兜もよく知られている。「海」関連では伊勢海老《いせえび》、蟹《かに》、帆立《ほたて》などの模型の前立が付いた兜まである。また、文字を前立に採用した例もあり、上杉家の柱石《ちゅうせき》と称された直江兼続《なおえかねつぐ》の「愛」、織田《おだ》信長《のぶなが》の寵臣《ちょうしん》・森蘭丸《もりらんまる》の「南無阿弥陀仏《なむあみだぶつ》」などが有名だ。

✤源義経の勇敢さにあやかろうと

こうした変わり兜の中でも、飛切り変わっているのが、筑前《ちくぜん》福岡藩初代藩主・黒《くろ》田長政《だながまさ》愛用の「銀箔押一ノ谷兜《ぎんぱくおしいちのたにかぶと》」であろう。なにしろ、この兜、自然の地形を題材にしているのだ。それは名前からもわかるように、源《みなもとのよしつね》義経の奇襲戦「鵯《ひよどり》越の逆《さか》(坂)落とし」で知られる、「一ノ谷の戦い」の舞台となった急峻《きゅうしゅん》な崖をイメージしてつくられた兜なのである。

兜本体に、上辺を内側に折り曲げた長方形の板を一体化させたデザインで、なんとも不思議な形状だ。この長方形の板が一ノ谷の崖を表現しているのだという。長政はきっと、身命を擲《なげう》った運否天賦《うんぷてんぷ》の賭けに出て、見事に大勝利を収めた義経の勇敢さにあやかろうとしたのであろう。

特徴的な長方形の板は、一見、鉄板のように思えるが、実は檜《ひのき》の薄い板を用いているという。したがって全体の重量は約三・一キログラムと、かぶっても大して負担にならない重さだ。板の全面に施された銀箔が日差しをきらきらと反射し、かなり遠くからでも目立ったに違いない。

実は、この一ノ谷兜、同じ戦国大名の福島正則《ふくしままさのり》から譲り受けたものだった。ご存じのように福島正則は、幼少期に豊臣秀吉《とよとみひでよし》に仕《つか》え、成長すると数々の戦《いくさ》で武功を重ね、秀吉麾下《きか》でも猛将と恐れられた人物。秀吉没後、関ヶ原の戦いでは徳川家康《とくがわいえやす》に味方し、その功で西国の芸備《げいび》五十万石を領有する大大名にのし上がっていた。

この福島正則自身、一ノ谷兜を、秀吉に軍師として仕えた竹中半兵衛《たけなかはんべえ》（重治《しげはる》）から頂戴していたのだった。竹中半兵衛から福島正則、そして黒田長政へと伝わった、そのあたりの経緯《いきさつ》をたどった。

✤正則を見込んで兜を託す

竹中半兵衛といえば、美濃国《みの》（岐阜県）斎藤《さいとう》氏に仕えていたころのクーデター事件が有名だ。美濃の蝮《まむし》こと斎藤道三の孫にあたる龍興《たつおき》が、父義龍《よしたつ》の急死を受けて家督を継いだものの、龍興は祖父や父に似ない暗愚《あんぐ》な人物で、おまけに酒色に溺《おぼ》れて政務を顧《かえり》みなかった。そこで、業を煮やした半兵衛は自分の配下十数人を引き連れ、稲葉山城（のちの岐阜城）を襲い、わずか一日で奪取してしまったという。

そんな半兵衛は、永禄《えいろく》十年（一五六七）に主家の斎藤氏が滅亡すると、秀吉のいわゆる「三顧《さんこ》の礼」によって幕下《ばっか》に招かれ、軍師となる。その後、秀吉が総大将となった中国遠征に加わり、戦術・戦略面で秀吉を支えた。このころ、黒田長政の父・官兵衛《かんべえ》（孝高《よしたか》）も秀吉の参謀《さんぼう》として活躍しており、二人は仲もよく、周囲から「両兵衛」「二兵衛」と称されたという。

そんな秀吉には欠かせない存在の半兵衛だったが、別れはすぐに訪れる。天正《てんしょう》七年（一五七九）六月、中国遠征の一環で播磨《はりま》国（兵庫県南西部）三木《みき》城を包囲していた秀吉本陣で、半兵衛は亡くなった。肺の病だったという。享年三十六。

半兵衛の死によって遺品の整理が行われ、半兵衛が考案したとされる一ノ谷兜は福島正則に形見分けされることになった。このとき正則は三木城攻めで初陣《ういじん》を飾ったばかりの十九歳の若武者だった。普段から秀吉に対する正則の忠義ぶりを微笑《ほほえ》ましく思っていた半兵衛は、この若者は近い将来、きっと秀吉の役に立つ男になると見込んで、大切にしていた一ノ谷兜を託したのだった。

この半兵衛の目論見《もくろみ》は見事的中し、秀吉の出世に伴って正則も頭角を現し、初陣からわずか九年後には伊予《いよ》国（愛媛県）今治《いまばり》十一万石を、さらにその八年後の文禄《ぶんろく》四年（一五九五）には尾張《おわり》国（愛知県西部）清洲《きよす》二十四万石を領したのである。

✤二人のいさかいに仲裁人が登場

このまま福島正則と黒田長政との間で何事もなければ、一ノ谷兜は長政の手元に渡ることはなかった。ところが、正則が清洲に入府《にゅうふ》する直前、すなわち朝鮮出兵（文禄の役《えき》）のさなか、正則と長政は些細《ささい》なことで喧嘩《けんか》し、これが転機となった。

正則は、長政の家来の母里太兵衛《ぼりたへえ》という者と酒宴の席で賭《か》けをして敗れ、家宝の名槍《めいそう》「日本号」を太兵衛に〝呑《の》み取られ〟てしまったのだ。後日、あわてた正則は長政に面会し、

「酒に酔って馬鹿なことをしたものだ。あの槍は太閤殿下《たいこう》（秀吉のこと）より頂戴した大切なもの。わしに槍を返してくれるよう、どうか尊公から太兵衛を説得してもらえないだろうか」

と願い出たのである。ところが長政は、七つ年長の正則に臆《おく》することもなく、

「酒席の座興とはいえ、武士がいったん約束したからには、それは通りません。どうか諦《あきら》めて頂きたい」

長政の言い分は正論だったが、それでも諦めきれない正則は再三、長政に対し槍の返還を求めた。しかし、そのつど長政からきっぱり断られ、ついに正則は激怒する。両家の間に不穏《ふおん》な空気が流れるなか、それを心配した仲裁人が登場する。その人物こそ、亡き竹中半兵衛の従兄弟《いとこ》で、のちに豊後《ぶんご》国府内《ふない》藩（大分市）初代藩主となって善政を布《し》いた竹中重利《たけなかしげとし》であった。

正則と長政の二人にとって、亡くなった竹中半兵衛は数少ない頭が上がらない存在の一人だった。なぜなら、正則は青年期になにかと目をかけてもらっていたし、長政の場合は父官兵衛とことのほか親しい間柄で、しかも自分にとって半兵衛は命の恩人でもあったからだ。そんな恩人の縁者からの仲裁とあって、これを無視するわけにはいかなかった。

❖両兵衛の間の固い絆

長政にとって、竹中半兵衛がなぜ命の恩人だったかというと、それは長政が十一歳のころに遡《さかのぼ》る。摂津国《せっつのくに》（現在の大阪府北部および兵庫県南東部）の荒木村重《あらきむらしげ》が織田信長を裏切って有岡城《ありおかじょう》（伊丹城《いたみじょう》とも）に立て籠《こも》るという事件が起こった。そこで信長は村重を翻意《ほんい》させるべく、黒田官兵衛を使者に出した。

ところが、官兵衛は捕らえられ、有岡城内の土牢に幽閉《ゆうへい》されてしまう。信長は、官兵衛がなかなか戻ってこないことから、官兵衛が村重に丸め込まれたに違いないと早合点し、人質として預かっていた官兵衛の子・松寿丸《しょうじゅまる》（長政）を処刑するよう、秀吉に命じた。

秀吉からそのことを聞いた半兵衛は、大切な友の息子を殺すのは忍びないと考え、

「黒田官兵衛に限って信長公を裏切るようなことは絶対にない」

と秀吉を説得しておいて、松寿丸を密《ひそ》かに匿《かくま》うと、城下で病死した年頃が同じ少年の首を差し出し、どうにか信長の追及をかわしたという。

それだけ、半兵衛と官兵衛は秀吉の参謀同士という立場を超えて無二の友垣《ともがき》として強い絆《きずな》で結ばれていた証拠だろうが、半兵衛が官兵衛の潔白をその目で確かめる機会はついに訪れなかった。なぜなら、官兵衛がまだ冷たい土牢に囚《とら》われているさなかに、半兵衛は病死してしまうからである。

とにかく、こうして長政は半兵衛の機転により、すんでのところで命が助かった。まさに、長政にとって半兵衛こそは感謝してもしきれない命の恩人だったのである。

✤竹中半兵衛の恩義に報いる

竹中重利の仲裁によって正則と長政は和解し、その証《あかし》として二人は贈り物をしあうことになった。長政からは水牛の角を模した脇立が付いた立派な兜が、正則からは竹中半兵衛に形見分けされた一ノ谷兜が贈られた。この時代、武士の間ではこう

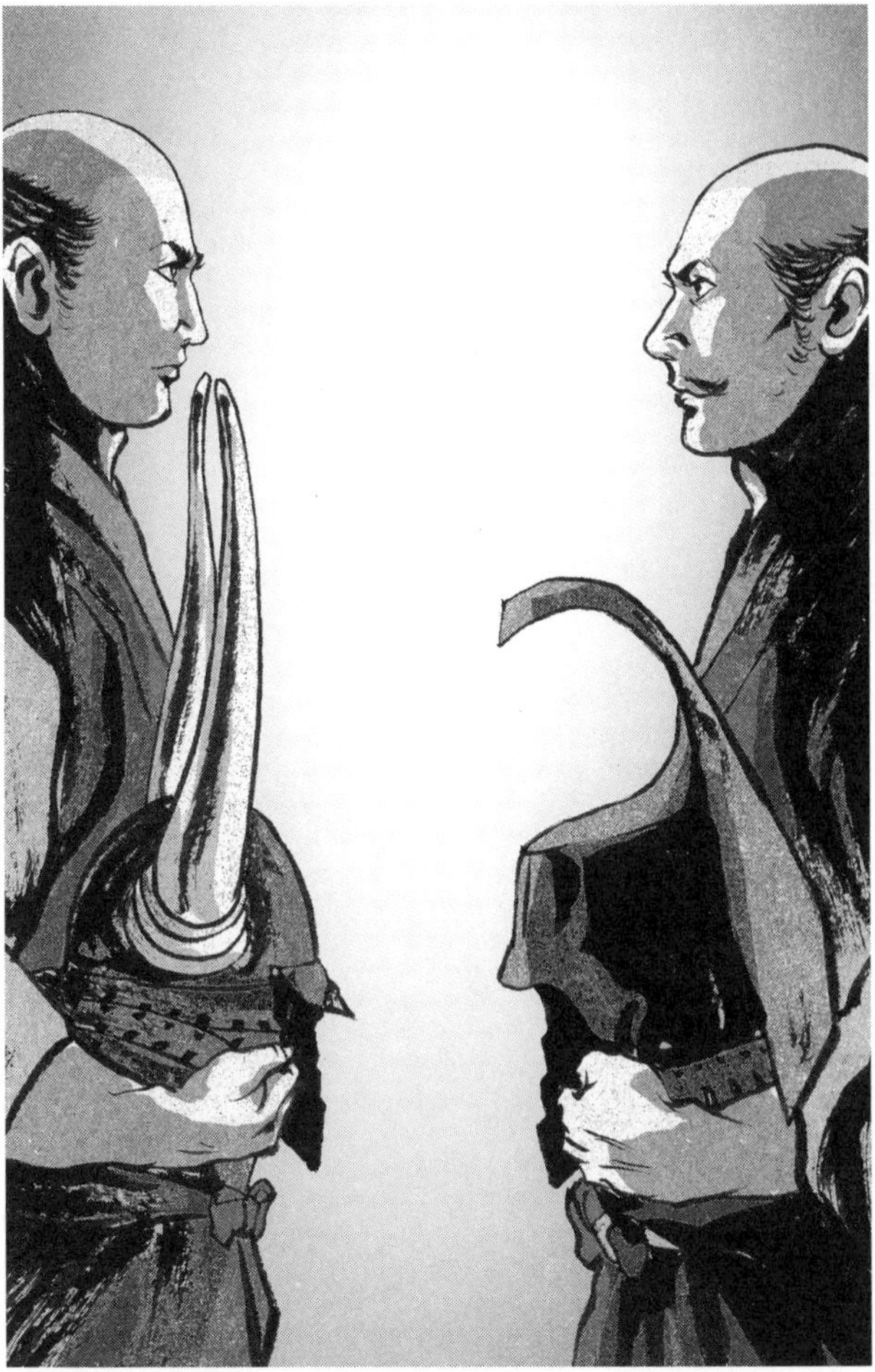

したことがよくあり、脇差《わきざし》が交換されることが多かったという。

　こうして喧嘩は落着し、ほっと胸をなでおろす二人だった。わけても、命の恩人の形見が自分の手元に回ってきたことで長政の感激はひとしおだったに違いない。長政は関ヶ原の戦いではこの兜を着用して戦場に臨《のぞ》んでいる。

　しかも、この天下分け目の戦いで長政は、竹中半兵衛から受けた恩義に報《むく》いるのはこのときと思い定め、西軍に属していた竹中重利と竹中重門《たけなかしげかど》（半兵衛の嫡男《ちゃくなん》）の二人を説得し、東軍に寝返らせることに成功している。

　おそらく長政は、竹中半兵衛愛用の一ノ谷兜を二人に見せながら、

「豊臣の命運はもはや風前の灯《ともしび》。お二人にとって今が乾坤一擲《けんこんいってき》の大勝負に打って出るときではござるまいか。泉下《せんか》の半兵衛殿もきっとそれをお望みのはずでござる」

　とでも言って説得したに違いない。この長政の親身の説得が奏功し、戦後、重利も重門も家康から罪に問われることはなく、所領を安堵《あんど》されている。また、重門の二男重次《しげつぐ》は長政との縁により福岡藩黒田家に重臣として仕えてもいる。

母里太兵衛と福島正則の名槍「日本号」をかけた呑み比べの勝敗は

✤博多っ子の誇り

名刀《めいとう》、名槍《めいそう》と呼ばれるものには、ユニークな名前を持つものが少なくない。本項で紹介する「日本号《にほんごう》」もその一つ。

日本号とは、日本人なら誰もが知っているであろう、福岡県の民謡「黒田節《くろだぶし》」で、

〽酒は呑《の》め呑め　呑むならば　日本一《ひのもといち》のこの槍を　呑みとるほどに呑むならば

　これぞまことの黒田武士……

と歌われた槍のことである。

黒田長政《くろだながまさ》の家来で黒田家中でも指折りの豪傑と称された母里太兵衛《ぼりたへえ》（友信《とものぶ》）が、荒大名の福島正則《ふくしままさのり》と賭《か》けをし、差し出された大盃《おおさかずき》の酒を見事呑み干し、正則所有の日本号を頂戴したという逸話をもとにつくられたのが、この黒田節である。

博多を旅行した人はご存じだろうが、JR博多駅には片手に大盃を持ち、片手に日本号を提《さ》げた凜々《りり》しい太兵衛の銅像を見ることができる。また、同地を代表する

伝統工芸の博多人形でもおなじみのことだろう。まさに、母里太兵衛こそは博多っ子の誇りなのだ。

この太兵衛が呑み取った日本号は母里家に家宝として代々伝えられ、現在、実物は福岡市博物館が所蔵している。天下三名槍の一つにも数えられる日本号とは一体どんな槍なのだろうか。

福島正則が所有するに至るまでの経緯や母里太兵衛との逸話を絡めながら、そのあたりを語ってみたい。

✤秀吉から福島正則に渡る

日本号は、無銘《むめい》であるため作者は不明だ。作風から見て、戦国時代に大和国《やまと》（奈良県）で活動した刀工集団の金房《かなぼう》一派の作とする説が有力だ。穂《ほ》（刃）の長さは二尺六寸一分五厘《りん》（約七十九センチ）、それに続く茎《なかご》が二尺六分五厘（約六十三センチ）と、いわゆる大身槍《おおみやり》と呼ばれる槍の中でもとりわけ長大なものだ。

一見すると豪壮無比《ごうそうむひ》の印象だが、樋《ひ》と呼ばれる血抜きの溝の中には倶利伽羅《くりから》龍《りゅう》王《おう》（別名剣巻龍《けんまきりゅう》）の優美な浮き彫りが施され、これが武器であることを一瞬忘れさせる神韻《しんいん》縹緲《ひょうびょう》とした趣《おもむき》を漂わせている。

今日、青貝螺鈿《らでん》細工の鞘《さや》と柄が付属されているが、母里太兵衛のころは熊の毛鞘に総黒漆《うるし》塗りの柄が使われていたという。確かにこちらのほうが重厚感や荒々しさがあり、合戦に明け暮れた戦国時代にはよりふさわしいだろう。

JR博多駅前にある母里太兵衛像

この日本号が歴史に初登場するのは、織田《おだ》信長《のぶなが》の傀儡《かいらい》（操り人形）と揶揄《やゆ》された正親町《おおぎまち》天皇の時代で、天皇が禁《きん》裏《り》（御所のこと）にあった日本号を室町幕府最後の将軍――つまり十五代将軍・足利義昭《あしかがよしあき》に下《か》賜《し》したことになっている。

その後、日本号は信長を経て豊臣秀吉《とよとみひでよし》の手に渡った。秀吉は日本号を気に入り、合戦に出るときは片時もそばから離さず持ち歩いたという。ところが秀吉の手元にあった期間は短いものだった。

天正《てんしょう》十八年（一五九〇）の小田原征伐《せいばつ》の際、股肱《ここう》の臣である福島正則が、後北《ごほう》条《じょう》氏にとっては有力な支城であった伊豆・韮山城《にらやまじょう》攻略で武功を立てたことから、それを喜んだ秀吉が、日本号を正則に惜しげもなく与えてしまったのである。

✤富士山よりも高い山がある

こうして天下の名槍は福島正則のものとなったが、正則が所有していた期間は秀吉のそれよりさらに短かった。思わぬことから、母里太兵衛という他家の家臣に下げ渡してしまったからだ。その経緯《いきさつ》はこうである。

朝鮮出兵——文禄《ぶんろく》の役《えき》の停戦交渉が行われていたころのことだ。京都・伏見の福島正則の屋敷に、朝鮮から一旦帰国した母里太兵衛が、主君黒田長政の名代《みょうだい》として挨拶《あいさつ》に出向いたのだが、そこで家中の者が集まって酒宴となった。それがすべての始まりだった。

母里太兵衛という人は、黒田家にあっては後藤又兵衛《ごとうまたべえ》（基次《もとつぐ》）と双璧を成す勇将で、その名は他家にまで鳴り響いていた。母里を「もり」と読むという説もあるが、言い伝えでは「ぼり」が正しいという。

弘治《こうじ》二年（一五五六）、播磨《はりま》国飾磨《しかま》郡《ぐん》妻鹿《めが》（現在の兵庫県姫路市飾磨区妻鹿）の国人・曽我《そが》一信《かずのぶ》の子として生まれ、少年期、黒田長政の父孝高《よしたか》（官兵衛、如水《じょすい》とも）の命により、一旦は絶えかかった母方の母里氏の家督《かとく》を継いでいる。

太兵衛は勇将にありがちな強情な性格だった。もしも自分の言ったことが間違いだとあとで気付いたとしても、けっして謝らなかった。こんなことがあった。

太兵衛が主君長政に随《したが》って江戸へ下《くだ》る途中、現在の静岡県富士市のあたりで休息をとった。朋輩《ほうばい》たちは茶で喉を潤しながら富士山に見とれ、口々にその美しさや高さを褒《ほ》め称《たた》えた。しばらくは黙ってそれを聞いていた太兵衛だったが、そのうち我慢できなくなったのか、こう言った。

「日本一高い山と聞いていたが、さほどでもないようだ。わしの目には、わが地元の福智山《ふくちやま》のほうがこの富士よりも高う見える」

❖殿さまにも意見する硬骨漢

福智山とは福岡県北部にある山で、標高は約九百メートル。高さではとても富士山にはかなわないが、周囲が皆、富士山を褒めそやすものだから、持ち前の反骨心がむくむくと頭をもたげ、つい言わでものことを口走ってしまったのだ。それを聞いた朋輩たちは鼻で笑いながら、

「それはおめがね違い。福智山を十重ねても富士には勝てませんぞ」

と言ったが、太兵衛は頑《がん》として自説を枉《ま》げなかった。それどころか、死ぬまで「福智山のほうが富士よりも高い」と言い続けたというから、筋金入りだ。

太兵衛は強情なだけでなく、権威や権力に屈しない硬骨漢《こうこつかん》でもあった。あるとき、主君長政が謡《うたい》に凝《こ》り、家臣たちの前で自慢の喉を披露したことがあった。ところが、長政は調子はずれのひどい音痴だった。しかしながら、聴き終えた家来たちはいずれも感動の面持ちで、口々に「お上手」「玄人《くろうと》はだし」と褒めるではないか。

太兵衛は苦々しい顔つきでそのお追従《ついしょう》をひと通り聞き終えると、長政の前へ進み出て、ずばりこう言った。

「殿の謡は、とても聞かれたものではありません。今後、かまえて人前でなさいませぬよう」

それを聞いて長政はプイッとその場から立ち去ったが、すぐに手に刀を提げて戻

ってきた。

（すわっ、お手討ちか……）

列座の者が心配顔で見守るなか、長政は太兵衛にこう言った。

「さきほどの諫言《かんげん》は身にしみた。以後、人前では謡《うた》わぬ。そなたのような忠臣がいてくれたから、わしはこれまで無事でやってこれたのだ。感謝する」

そう言って、自らの佩刀《はいとう》を手ずから太兵衛に下げ渡したという。

✤酒豪であだ名は「フカ」

こんなへそ曲がりで強情、おまけに硬骨漢の太兵衛が、自分と同じような性癖の福島正則と酒席を共にしたらどうなるか。結果は最初から見えていた。

正則の屋敷で酒宴が始まり、太兵衛は正則から「どうじゃ、一献《いっこん》」と何度も勧められたが、そのつど「いたって手前は無調法でして……」と固辞した。実は、太兵衛という人は「フカ」とあだ名されるほどの酒豪だった。そのため、酔って正則に対し無礼なふるまいに及びはせぬかと心配した長政から、「先方では酒が出てもけっして呑んではならぬ」と厳命されていたのだった。

太兵衛から断られても、人一倍酒癖が悪いことで有名な正則はしつこく酒を勧め続けた。やがて、口径一尺（約三十センチ）はあろうかという朱塗りの大盃を太兵衛の目の前に突き出して、

「この盃を見事呑み干すことができたら、お前の望みのものを与えよう」

と言った。それでも相手が乗ってこないので、ついには、

「黒田家にその人ありと言われた母里太兵衛が、こんな盃一つに後ろを見せるとは。いやはや黒田家の侍は腰抜けぞろいじゃのう」

正則にここまで言われては、さすがに太兵衛の堪忍袋の緒が切れた。太兵衛は、

「承知しました。盃を頂戴します。ところで呑み干せば望みのものを与えるとの仰《おお》せ、真実《まこと》でござりましょうな」

と念を押しておいてから、酒がなみなみと注《つ》がれた大盃を捧《ささ》げ持ち、口をつけたかとみるや、ごくりごくりと喉へ流し込んだ。太兵衛はたちまち盃を空にすると、もう一杯、もう一杯と立て続けに三杯もの酒を呑み干したのである。

こうして太兵衛は、正則から福島家の家宝の日本号をせしめると、その大槍を肩に担《かつ》ぎ、今やすっかり酔いもさめ呆気《あっけ》にとられている正則をしり目に、その場を悠々

と立ち去ったという。

✤長政から一万八千石を賜る

この一件以来、太兵衛が福島正則からせしめた大槍は、世間から「呑み取り槍」と呼ばれ、母里太兵衛の名は全国に轟《とどろ》いた。この槍が日本号と呼ばれるようになったのは明治時代になってからである。

母里太兵衛が呑み取った日本号

太兵衛のその後だが、黒田長政に随って二度の朝鮮出兵に加わり、帰国後も長政の下で数々の武功をあげた。長政が福岡藩に入ると、太兵衛は一万八千石で鷹取《たかとり》城主《じょうしゅ》となる。陪臣《ばいしん》でありながら、大名並みの禄《ろく》をもらったのだ。長政が太兵衛をいかに頼りにしていたかという証拠だ。

太兵衛が病気で没したのは慶長《けいちょう》二十年（一六一五）六月のことで、大坂夏の陣で豊臣家が滅亡した年である。享年六十。

猛将、最上義光が戦場で振り回した武器「金砕棒」の秘密

✤兜の上から当たっても致命傷に

戦国武将が合戦で使用した武器というと、一般的には刀、槍、弓、鉄砲あたりが主力だが、なかには鉄棒を駆使する者もいた。鉄棒なら、刀や槍のように刃こぼれの心配がなく、手入れも簡単にすむ。ただし、どうしても刀より重くなるため、そ

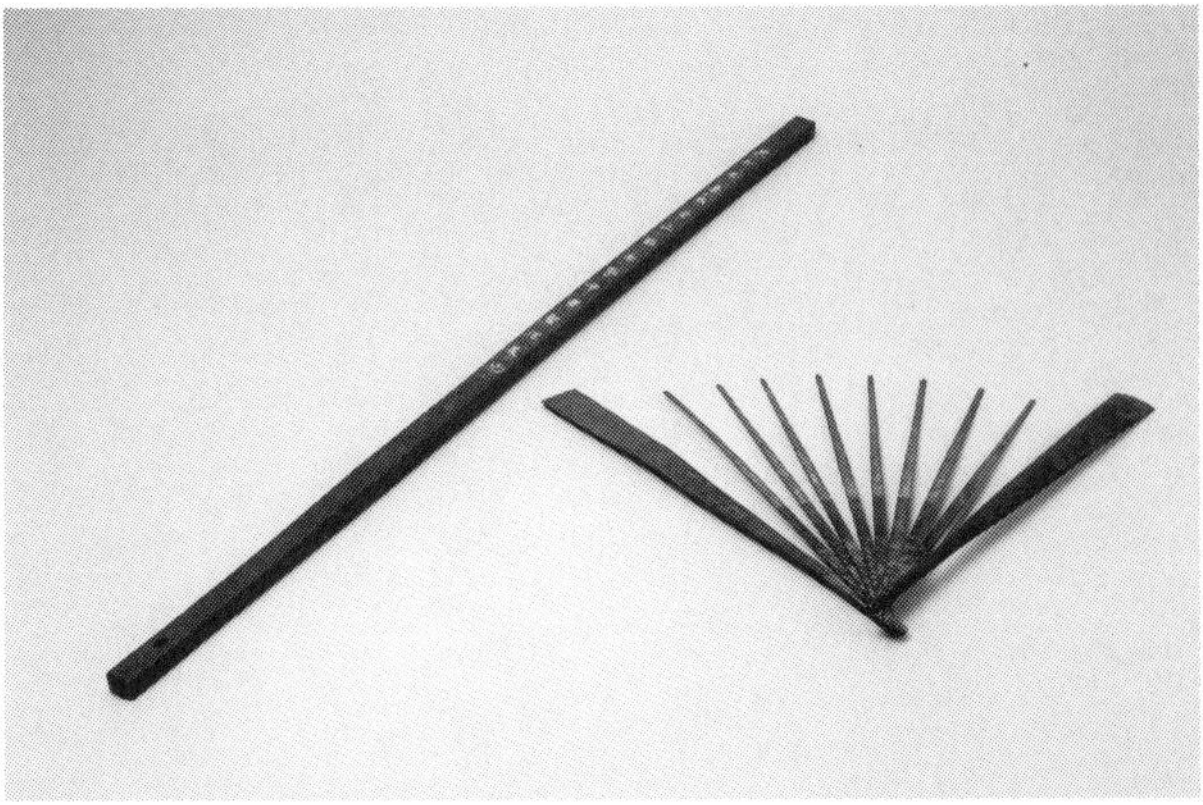

最上義光愛用の指揮棒と鉄扇

れを自由自在に振り回すにはそれなりの体力や腕力が必要とされた。

　戦場で武器として使う鉄棒は「金砕棒《かなさいぼう》」とも呼ばれ、打撃系武器の代表格である。赤鬼が持つようなすべて鉄でできた棒もあったが、さすがにこれは重すぎるため、ほとんどは堅い木の棒を六角形や八角形に削り、打撃部を鉄板で包んだり鉄の輪っかをいくつも嵌《は》めたり無数の鉄鋲《びょう》を打ち込んだりして補強した。手元部分だけは握りやすいよう細く丸く削られていたという。

　こうした鉄棒は特に乱戦の中で威力を発揮した。剛力の者が思いっきり振り回した鉄棒がもしも体に当たれば、腕や足なら簡単にへし折れ、頭部を直撃すれば鉄兜《てつかぶと》をかぶっていたとしても致命傷になりかねなかった。

そんな重い鉄棒を苧殻《おがら》の如く自在に振り回して戦場を駆け回った一人の豪傑武将が、戦国期の東北にいた。出羽《でわ》国の大名・最上義光《もがみよしあき》である。

❖肌身離さず持ち歩く

最上義光の愛娘駒姫《こまひめ》のことを別項で取り上げたが、そこでも述べたように義光は仙台の伊達政宗《だてまさむね》とほぼ同時代を生きた人物で、義光の妹が政宗を産んでいるため、二人は伯父甥《おじおい》の間柄になる。

義光は二十代半《なか》ばで最上氏の第十一代当主の座に就いた。義光という人は小さいころから大柄で、成人すると身長は百九十センチ近くもあった。力も強く、十五歳のころに、大人七〜八人でやっと動かせる大石を一人で軽々と転がしてみせたという。また、ある合戦では敵兵の首をねじ切ったこともあったという。

そんな義光が愛用した得物《えもの》といえば、先述の鉄棒である。山形市の最上義光歴史館には、すべて鉄でできた義光愛用の「鉄の指揮棒」というものが保管されており、全長は八十六・五センチある。重量は一・七五キログラムと平均的な刀の二倍近い

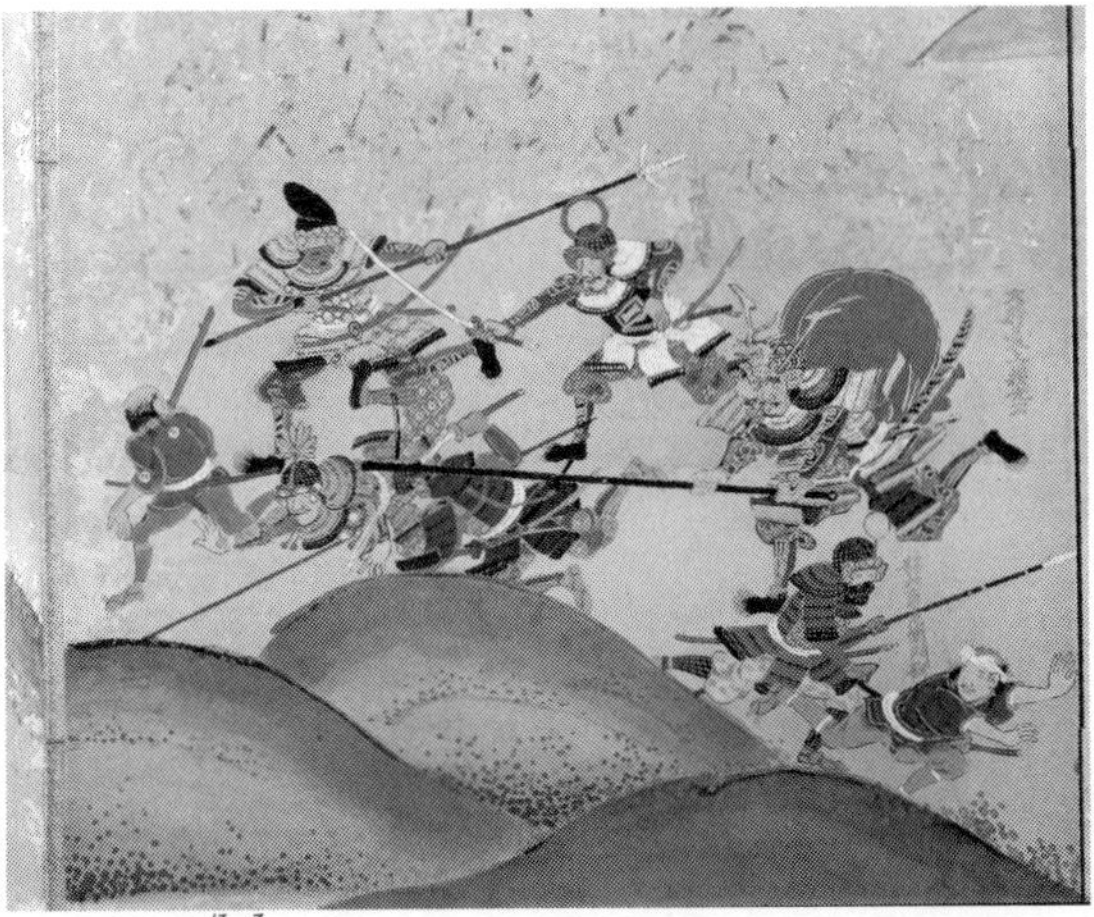

右側の赤い母衣《ほろ》をまとったのが最上義光（長谷堂合戦図屏風の複製）

重さだ。表面には金文字で「義光これを持つ」と象嵌《ぞうがん》されている。義光はどこへ行くにもこの鉄棒を肌身離さず持ち歩いていたという。

しかし、この長さでは戦闘用としてやや物足りない気がする。史料によっては、五尺一寸（約一・五メートル）、または六尺（約一・八メートル）、なかには八尺（約二・四メートル）と記したものもあることから、この指揮棒はあくまで義光にとっては手持無沙汰のときに使う扇子《せんす》のようなもので、おそらくは戦闘用にもっと長大な鉄棒を別に持っていたに違いない。

それを証明するのが、義光が登場す

る合戦図屏風《びょうぶ》だ。〝東の関ヶ原〟といわれ、関ヶ原の戦いとほぼ同時期に東北で起こった合戦に、慶長出羽合戦《けいちょうでわかっせん》がある。この合戦では上杉軍（西軍）と最上・伊達連合軍（東軍）が戦ったが、最大の激戦となったのが長谷堂城《はせどうじょう》の戦いである。

✤五十七万石の大大名に上り詰める

その様子を描いた『長谷堂合戦図屏風』（江戸中期の作か？）にも義光は当然登場するのだが、義光はどう見ても自分の身長より大きい鉄棒を手に、逃げ惑う上杉軍を追い回しているのだ。このことからも、当時の人々には最上義光という武将は身の丈ほどもある鉄棒を持って戦場に出た、という〝事実〟が広く認知されていたことがわかるのである。

おそらく、そんな長大な鉄棒を、しかも剛力無双をうたわれた義光にブンブン振り回されたのでは、上杉軍は為すすべがなかったに違いない。この慶長出羽合戦の功により、義光は五十七万石の大大名へと上り詰めるのである。

今日、桜の名所にもなっている山形城跡（霞城《かじょう》公園）に出向けば、国内でも屈指の美しさを誇る騎馬像と称される最上義光騎馬像を見ることができる。棹立《さおだ》ちした馬にまたがり、左手《ゆんで》に手綱、右手《めて》には義光の象徴とも言うべき鉄の指揮棒がしっかりと握られた、勇壮この上ない銅像である。戦国ファンの方なら、山形を訪れた折には決して見逃してはならない。

安田作兵衛が「管槍」で信長に一番槍をつけた顛末に迫る

❖槍の名手として一目置かれる

織田信長《おだのぶなが》が今川義元《いまがわよしもと》を討ち取った桶狭間《おけはざま》の戦いで、義元に一番槍をつけたのは、信長の馬廻衆《うままわりしゅう》に属していた服部小平太《はっとりこへいた》（一忠《かずただ》）だと言われている。では、本能寺の変で信長に一番槍をつけた男の名前はご存じだろうか。

その男は、安田作兵衛《やすださくべえ》（国継《くにつぐ》）という。戦国ファンの間でも知る人ぞ知る存在だ。作兵衛は本能寺の変の時点で、信長を討つことになる明智光秀《あけちみつひで》配下の斎藤利三《さいとうとしみつ》（春日局《かすがのつぼね》の父）に仕《つか》え、槍の名手として一目置かれていた。

その槍の名手が、本能寺では先鋒として屋敷に突入し、目ざとく信長をみつけると、障子越しに信長の体に一番槍をつけたとされている。

手傷を負った信長は、身を翻《ひるがえ》して屋敷の奥深くに入ろうとしたため、作兵衛は勇躍、その後を追った。――と、そこへ文字通り横槍が入る。主君の一大事に気付いた信長の小姓・森蘭丸《もりらんまる》が前に立ちはだかり、作兵衛の下腹部に槍を突き刺したのだ。

しかし作兵衛は負傷をものともせず、蘭丸の槍の穂先を掴《つか》むと、グイッと引き寄せ、蘭丸の体を縁側から引きずり落としてしまった。恐るべき剛力といえた。そして、体勢が崩れた蘭丸を、持っていた刀で刺殺し討ち取ったのである。

このとき作兵衛が信長を刺した槍は、愛用の管槍《くだやり》だった。それはどんな槍なのだろうか。その後の作兵衛の足取りを追いながら、管槍について語ってみたい。

✤「子供に下げる頭はない」と出奔

安田作兵衛の出自は詳《つまび》らかでない。美濃《みの》国安田村（岐阜県海津市）の出身とされ、弘治《こうじ》二年（一五五六）誕生説を信じれば、同じ美濃出身の斎藤利三の家来として本能寺に参戦したときは二十七歳だったことになる。

本能寺後、明智光秀は山崎の戦いで羽柴《はしば》（豊臣《とよとみ》）秀吉《ひでよし》に敗れるわけだが、このとき作兵衛は森蘭丸から負わされた槍傷が治りきらず、運よくというべきか、戦《いくさ》には参加しておらず、命拾いしている。

その後作兵衛は名を天野源右衛門《あまのげんえもん》と変え、一時浪人となったが、森蘭丸の兄で勇将の誉れ高い森長可《ながよし》に拾われ仕えることになる。長可にすれば実弟を討ち取った憎い仇《かたき》のはずだが、武勇は別ということなのだろう。

ところが、その長可が小牧《こまき》・長久手《ながくて》の戦いで討ち死にすると、十五歳で後継者となった森忠政《ただまさ》を作兵衛は軽んじ、「子供に下げる頭はない」と言い残して出奔《しゅっぽん》してしまう。その後、作兵衛は、羽柴秀勝《ひでかつ》、羽柴秀長《ひでなが》、蒲生氏郷《がもううじさと》、立花宗茂《たちばなむねしげ》などに仕えたが、周囲と諍《いさか》いが絶えず、いずれも短期間で終わっている。

きっと作兵衛という男は、槍一筋の武人にありがちな自尊心ばかりが強く、おまけに短気で、「信長公に一番槍をつけたこのわしに、なぜ周囲はもっと敬意を払わないのか」と常々不満を抱いていたに違いない。悲しいことに安田作兵衛は戦塵《せんじん》の中でしか生きられない男だったのである。

最後には、若いころに仲がよかった寺沢広高《てらざわひろたか》（肥前唐津《ひぜんからつ》藩初代藩主）に八千石で召し抱えられるが、間もなく頬《ほお》に酷《ひど》い腫《は》れ物ができ、それがなかなか治らないので、怒って自害したという。ここにも短気な性格が見てとれる。享年四十二。それは慶《けい》長《ちょう》二年（一五九七）の六月二日、奇《く》しくも本能寺の変と同じ日だった。

✤鎧を突き通すほどの破壊力

さて、安田作兵衛が愛用した肝心の管槍についてだが、管槍は戦国時代の中ごろに登場したものという。その特徴だが、手管《てくだ》と呼ばれる可動する真鍮《しんちゅう》製の短い円筒を柄に装着した槍で、使うときは（右利きの場合）左手で手管、右手で柄を握り、穂先を勢いよく前方へ突き出す。

手管があることで、柄をしごかなくても槍を素早く連続して繰《く》り出せるのが一番の利点。普通の槍と比べ、その刺撃力《しげきりょく》は絶大で、非力な者でも鎧《よろい》を簡単に突き通すことができたという。作兵衛ほどの剛の者が使いこなせば、きっと破壊力は弥増《いやま》して凄《すさ》まじいものがあったに違いない。

この管槍は世界のどこにもない日本独自の工夫とされ、手練《てだれ》（達人）が自由自在に管槍を扱うことから「手練手管《てれんてくだ》」の語源になったとする説もあるくらいだ。

しかし、そんな殺傷力抜群の管槍だが、戦国時代やその後の江戸時代にも広く普及したという事実はない。なぜなら、日本の武士というのは自分が使う武器に小細工を施すことを潔《いさぎよ》しとしなかったからだ。小細工を施すことで攻撃力が増したとしても、それはあくまで邪道とみなされた。その誹《そし》りを受けることを承知の上で使おうとまで思わなかったのである。

ところが、作兵衛は違った。邪道と後ろ指をさされようが、戦で敵将の首を一つでも多く取り、功名を立てることこそが作兵衛の生き甲斐だったのだ。それはそれで潔くもあり、戦国武将の一つの典型だと思うが、いかがだろう。

なお、この作兵衛愛用の管槍は現代に伝わっており、唐津城天守閣内にある郷土博物館で見ることができる。

加藤清正が剛刀「同田貫」に見た理想の武士像

✤天覧兜割りに成功した榊原鍵吉

明治十九年（一八八六）十一月十日、明治天皇が臨席した伏見宮貞愛親王《ふしみのみやさだなる》邸（東京・紀尾井町）において、当時の日本を代表する剣士三人を招いての「鉢試し《はちだめし》」が催された。鉢試しとは、文字通り鉄製の兜《かぶと》を刀で試し斬りすることだ。当日用意されたのは、兜鍛冶《かじ》としては日本一と称された明珍《みょうちん》作の、見るからに頑丈そうな桃形《ももなり》兜で、参列した人々の目にはこれを断《た》ち斬るなど到底不可能だと思われた。

案の定、警視庁で剣術を指導する上田馬之助《うえだうまのすけ》と逸見宗助《へんみそうすけ》の二人は、鋭い金属音とともにあっけなく兜に跳ね返され、すごすごと退《ひ》き下った。

「やはり、駄目か……」

人々のあきらめムードが漂うなか、最後に登場したのが旧幕府の講武所剣術教授方にいたこともある榊原鍵吉《さかきばらけんきち》だ。このとき五十七歳。この日のために決意の白装《しろしょう》束姿《ぞく》で現れた鍵吉は、すべるような足どりで土壇《どだん》に置かれた兜に近付くと、一呼吸二呼吸ののち、大上段に構えた刀を裂帛《れっぱく》の気合と共に振り下ろした。

「おおーっ！」

人々の視線が集中した先には、まん中あたりまでざっくりと斬り込まれた兜が鎮座していた。このとき鍵吉が使った刀は「同田貫《どうだぬき》」といい、鍵吉の武骨《ぶこつ》で朴訥《ぼくとつ》とした人となりをそのまま映したような剛刀だった。

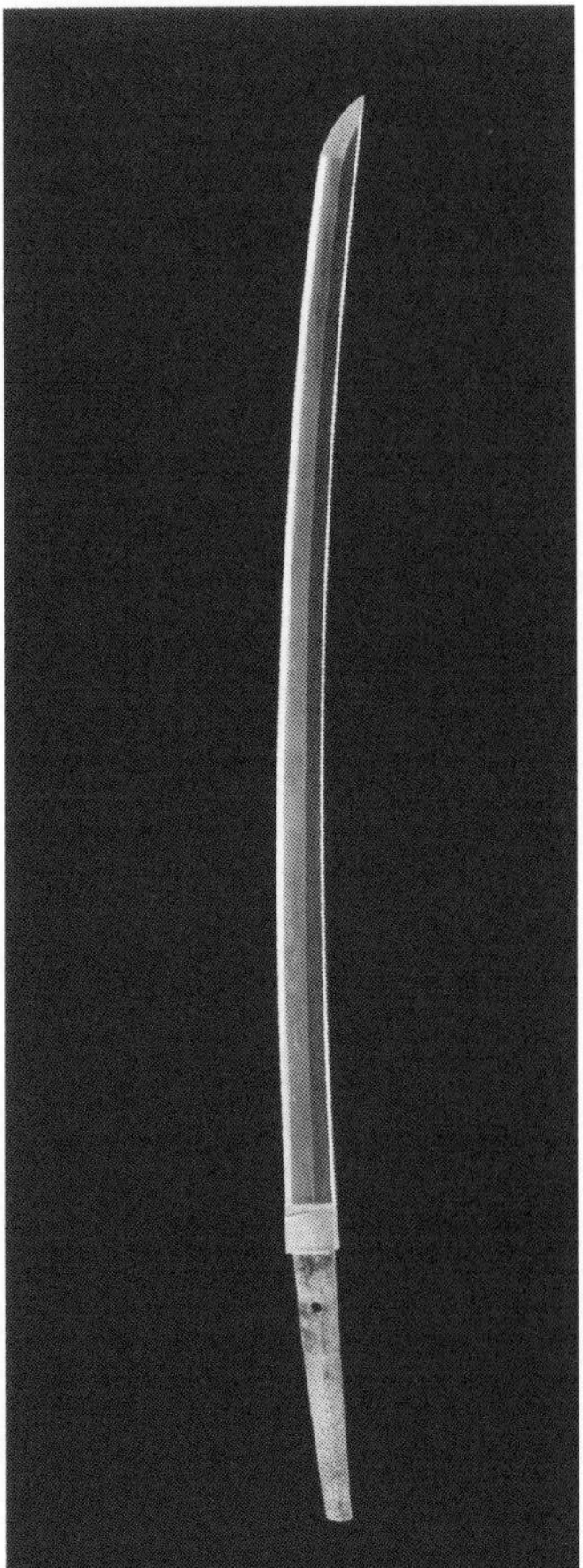

無骨な名刀「同田貫正国」

この天覧兜割りで面目を施した榊原鍵吉は、こうして日本一の剣士の称号を手にしたのだった。

戦国時代、この同田貫をことのほか愛した武将がいた。加藤清正《かとうきよまさ》である。虎退治の豪傑・清正は、なぜ同田貫を好んだのだろうか。

✤肥後もっこすの精神を反映

加藤清正は、豊臣秀吉《とよとみひでよし》の手元で幼少期から育てられた、いわゆる秀吉麾下《きか》では子飼いの臣であり、一騎当千の猛者《もさ》としても知られた武将だ。死後も「清正公《せいしょうこう》」の名で民衆から慕われ、さらに江戸時代を通じて神格化されるほど人気は根強く、幕末期になると、疫病コレラを寄せ付けない呪《まじな》いに「清正の手形」と称する絵が盛んに刷られたほどだった。

そんな清正が、秀吉が行った九州征伐《せいばつ》ののち、秀吉から肥後《ひご》国（熊本県）の北半国を与えられ、熊本城（当時は隈本城）に入ったのは天正《てんしょう》十六年（一五八八）のことだった。このとき二十七歳。

入国した清正が、自分の好みに合う肥後藩正式採用とするにたる刀を探していると、熊本城の北東方向に同田貫（現在の菊池市稗方《ひえかた》のあたり）という集落があり、そこを拠点に鍛刀《たんとう》している刀工の一派がいることを知る。

試しに刀を取り寄せてみた清正は、ひと目見るなり、すっかり気に入ってしまった。肥後の男たちの気質を表わす言葉に「肥後もっこす」という言葉があるが、まさに清正の目には、頑固で融通が利《き》かず質実剛健を旨《むね》とする肥後もっこすの精神を具現化した刀に見えたのである。

同田貫の刀は、そりが浅く身幅は広く重ねが厚い。折れず、曲がらず、よく切れる半面、極端に装飾を排し、武器本来の実用性をどこまでも追求したその刀に清正は、武士としての理想の生き様を見た思いがしたに違いない。また、同田貫の刀はほとんど銘を切る習慣がなく、刀工が自己主張しすぎないところも、藩の刀としてはうってつけと考えたようである。

こうして同田貫一派は清正の御抱《おかかえ》となり、隆盛を迎えることになる。

✤清正軍団の強さの秘密とは

文禄《ぶんろく》元年（一五九二）、豊臣秀吉による朝鮮出兵「文禄の役」が起こる。このときの外征では清正は、小西行長《こにしゆきなが》らに次ぐ第二陣の主将として半島に渡った。清正軍団を主力とする日本軍は釜山《ぷさん》城や慶州《けいしゅう》城をあっという間に攻略すると、その勢いをかって北上し朝鮮の首都・漢城（現ソウル）もたちまち占領してしまう。それは開戦からわずか二十一日めでの出来事であった。

朝鮮の人々は、この清正軍団のあまりの強さに驚き、清正を「鬼上官」と呼んで恐れたという。

清正はこのたびの朝鮮出兵に際し、接近戦が多くなることを想定し、同田貫を大量に造らせ、自らの抜刀隊に与えていた。鼻と鼻を突き合わせた接近戦では、「折れず、曲がらず」の同田貫のような剛刀が威力を発揮するはずと読んでいたのだ。しかも、このとき清正は、同田貫の刀工を朝鮮に帯同させるほど同田貫を気に入っていたのであった。

それから五年後の二度目の朝鮮出兵「慶長《けいちょう》の役」においても、清正軍団は同田貫を引っ提げ、獅子奮迅《ししふんじん》の活躍を見せた。この二度にわたる朝鮮出兵で見られた清正軍団の快進撃は、同田貫無くしてありえなかったのである。

しかし、そんな隆盛を誇った同田貫も、清正が亡くなり、代わって寛永《かんえい》九年（一六三二）に細川忠利《ほそかわただとし》が入国してくると、世の中が平和になったこともあり、武骨一辺倒の同田貫は顧《かえり》みられなくなり、永い低迷期へと突入する。再び同田貫が脚光を浴びるには幕末動乱期まで待たなければならなかった。

十文字槍「人間無骨」を愛用した森長可が鬼武蔵といわれる理由

❖虎に咬み折られる？

戦国期の合戦で、火縄銃を除外して最高の武器といえば、やはり槍だ。一般的な槍は、穂《ほ》（刃部）が直線的な素槍《すやり》（直槍《すぐやり》とも）と呼ばれるタイプだが、なかには柄の蕪巻《かぶらまき》（血溜《ちだめ》とも）のあたりに横手という鉄製の鉤《かぎ》（これで相手の武器や衣服を引っ掛けた）を付けたものや、穂の根元から刃を枝分かれさせた「鎌槍《かまやり》」と呼ばれるものもあった。

鎌槍には、片側に鎌が付いた片鎌槍と両側に鎌が付いた両鎌槍があった。両鎌槍はその見た目から十文字槍と呼ばれることが多かった。この十文字槍、現代の最先端技術をもってしても再現することは至難で、当時の槍師（槍は刀工ではなく専門の槍師が造った）たちはどうやって製造したのか、詳しい方法はわかっていない。

片鎌槍を使いこなした武将といえば、加藤清正《かとうきよまさ》が有名だ。伝説では、もともと十文字槍を使っていたが、朝鮮出兵の折、虎と戦って片方の鎌を咬《か》み折られてしまったのだという。しかし、これは俗説の類《たぐい》で、現存する清正愛用の片鎌槍にはそうした咬み折られた跡は認められないという。

一方、十文字槍を使いこなした武将に、森長可《もりながよし》がいる。この名前になじみがなくても、織田信長《おだのぶなが》に小姓《こしょう》として仕《つか》えた森蘭丸《もりらんまる》の実兄といえば、ピンとくるはずだ。戦場ではつねに先陣を駆け、鬼武蔵《おにむさし》の異名で敵に恐れられるも、その勇猛果敢さがかえって災いし、わずか二十七歳で戦死してしまった男だ。愛用の十文字槍から見えてくる、そんな森長可の短い人生をたどった。

✤わずか十三歳で家督を相続

森長可は、織田信長に仕える森可成《よしなり》の二男として、永禄《えいろく》元年（一五五八）に誕生した。ちなみに可成には、長男可隆《よしたか》、三男成利《なりとし》（蘭丸）、四男長隆《ながたか》、五男長氏《ながうじ》、六男忠政《ただまさ》と男児だけでも六人いた。

森可成は、三十歳前後で父の森可行《よしゆき》とともに信長に臣従した武将で、以来、美濃《みの》攻め、桶狭間《おけはざま》の戦い、姉川の戦い、石山本願寺攻め、浅井・朝倉攻め……とつねに自慢の槍をふるって勇敢に戦い、赫々《かっかく》たる武功を重ねてきた。武辺一辺倒の将ではなく、調略も得意としており、美濃攻めにおいては敵の有力武将を寝返らせることに成功している。

そんな可成は、浅井・朝倉連合軍と争った宇佐山城の戦いで戦死するのだが（享年四十八）、そのころにはすでに織田家の重臣の列に加わっていたという。わずか一代で異例の出世を遂げたわけである。

可成が亡くなったことで、長男可隆もすでに戦死していたため、二男長可が森家を相続することになった。このとき、わずか十三歳。家督を継ぐ際、信長から名前の一字をもらい、勝蔵長可を名乗った。

初陣は十六歳、元亀《げんき》四年（一五七三）三月の第二次長島一向一揆《いっこういっき》攻めだった。翌年の第三次長島一向一揆攻めでは、一揆勢のなかに愛用の槍を引っ提げて単騎で突撃し、なんと二十七個もの首を取ったというから、凄《すさ》まじい。長可は父可成の勇猛さをそっくり受け継いでいたわけである。

長可はその後、織田信忠《のぶただ》（信長の嫡男）の配下となり、長篠《ながしの》の戦い、美濃・岩村城攻め、石山本願寺攻め、播磨《はりま》三木城攻めなどで武功を重ね、織田家を代表する勇将の一人として名声を不動のものにしている。

✤北信濃で二十万石の大大名に

長可という人は人一倍激しやすい性格だった。気に入らないことがあると味方でも平気で槍で突き殺したため、敵だけでなく味方からも恐れられた。癇性《かんしょう》では人後に落ちない主君の信長から「少しは自重せよ」と注意を受けることもあったというから、並みの癇性ではない。

武田勝頼《たけだかつより》を攻めた甲州征伐《せいばつ》では先鋒として活躍。武田氏の滅亡後は信長から北信濃一帯を拝領し、二十万石の大大名となる。この北信濃というのは支配者にとっては統治が難しい土地柄で、実際、長可が入府してすぐに一揆《いっき》が起こっている。この反乱に対し長可は即座に鎮圧行動に出て、一揆勢八千のうち二千四百余りを虐殺《ぎゃくさつ》している。

まさに、信長の雛型《ひながた》を見るような容赦のないやり方である。

運命が急転したのは、その後に起こった本能寺の変だった。清洲会議において羽《は》柴《しば》（豊臣《とよとみ》）秀吉《ひでよし》が覇権を握ると、長可は秀吉に接近した。そして、秀吉と徳川家康との間で軋轢《あつれき》が深まり、いよいよ両雄の決戦となったとき、長可は秀吉の懇請《こんせい》に応え、本格的に秀吉に臣従した。秀吉は長可を味方に引き込む際、

「家康を討ったら、家康の領地（遠江《とおとうみ》と駿河《するが》）はお主のものじゃ」

そう言って、発破《はっぱ》をかけたという。

この小牧《こまき》・長久手《ながくて》の戦いでは、岳父《がくふ》（妻の父）となる池田恒興《いけだつねおき》共々、長可は華々しい討ち死にを遂げている。井伊直政《いいなおまさ》の部隊と交戦し、銃弾を眉間《みけん》に受けての即死だった。自慢の十文字槍も鉄砲玉には勝てなかったのである。

さて、その長可の十文字槍だが、二十七個もの敵の首を取った第三次長島一向一揆攻めのときにはすでに使っていたらしい。この十文字槍は「人間無骨《にんげんむこつ》」という物騒な号を持っていた。敵兵の体をどんなに突いても突いても、骨が無いかのようにスルスルと穂先が体に入っていくことから命名されたものだ。

❖十文字槍を扱うには体力と技術が必要

こんな信じがたい逸話もある。

敵将の首を穂先に刺したまま、石突《いしづき》（柄尻）でトンと地面を突いたところ、その衝撃で首が刃を貫通して手元までスルリと柄をすべり落ちてきたというのである。硬い頭蓋骨さえ簡単に貫くのだから、恐るべき切れ味だ。しかし、素槍ならまだしも、刃が分岐した十文字槍を貫通するとは到底思えない。酒の席の法螺《ほら》話とみて間違いなかろう。

それにしても、刃が三方向に付いた十文字槍を騎乗で自在に振り回すには、人並み外れた膂力《りょりょく》と技術が必要だったはずである。少しでも操作を誤ると、自分や馬の体を傷付けてしまう恐れがあるからだ。そんな厄介な十文字槍を軽々と扱うくらいだから、おそらく長可という人は筋骨隆々の偉丈夫だったに違いない。

そんな長可には意外な一面もあった。当時の武将としては珍しい能筆家で、戦場にも矢立《やたて》（文房具）と紙を欠かさず、報告書などは自ら筆を執ってしたためた。また、茶道に親しみ、名物茶器を熱心に蒐集《しゅうしゅう》していたという。

最後に、長可の人柄がしのばれる遺言を紹介しておこう。

「自分が戦死したら、母親は秀吉殿に養ってもらうように。弟の忠政は今のまま秀吉殿に仕えるように。絶対に自分の後を継がせないでください。集めた茶道具も、よいものは秀吉殿に差し上げてください」

などと記した後、娘の行く末について、

「くれぐれも侍には嫁《とつ》がせないで。医師のような町人に嫁がせるように」

と述べていた。天下一の暴れん坊も、家族、特に娘には甘い普通の父親だったようである。

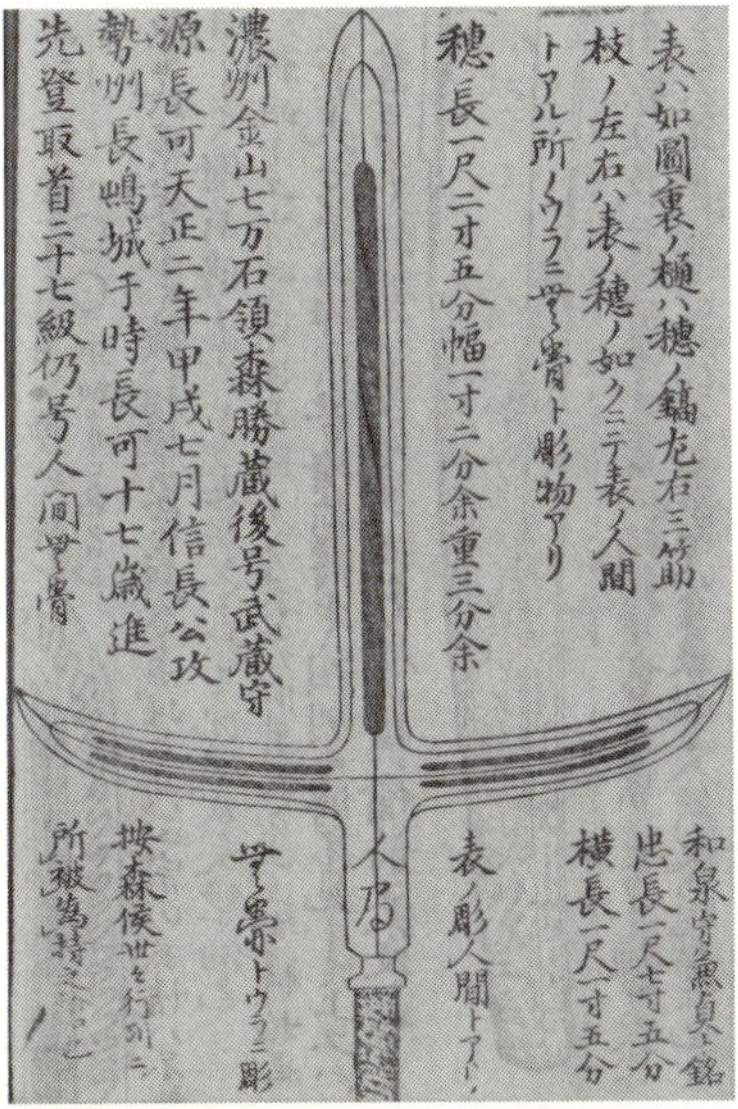

和泉守兼定作と伝わる「人間無骨」

天正伊賀の乱で織田軍を退けた忍者兵器「飛火炬」の威力とは

✤聖徳太子が忍者の起源？

ＮＩＮＪＡ《ニンジャ》――にあこがれる外国人は多い。海外のあちらこちらで忍術を教える教室が開校しており、それに飽き足らないと本場の日本にやって来て、専門のニンジャスクールに短期留学していく人も珍しくない。

われわれ日本人にとっては、なんとも不思議な忍者ブームだが、そんな忍者は一体いつから存在したかご存じだろうか。

一説に、日本における仏教の布教に尽力し、「十七条の憲法」や「冠位十二階」を制定したことでも知られる聖徳太子《しょうとくたいし》が、「志能便《しのび》（忍）」と呼ばれる間者を使い、朝廷内の動きを探っていたという。しかし、これは江戸時代に著《あらわ》された忍術伝書にある話なので、信憑《しんぴょう》性は薄い。

たしかな文献に忍者が登場するのは、応仁の乱が収束してのち、室町幕府第九代将軍・足利義尚《あしかがよしひさ》率いる幕府軍が、近江《おうみ》の守護六角《ろっかく》氏＋甲賀・伊賀連合軍と戦った「第一次六角征伐《せいばつ》」とされている。この合戦では、甲賀・伊賀の忍者らが仕掛けてくるゲリラ戦に幕府軍が手を焼いたことが記録されている。

戦国武将のなかで最も忍者との対決姿勢を明らかにしたのは、織田信長《おだのぶなが》であろう。伊勢の北畠《きたばたけ》氏を滅ぼした信長が、次の標的としたのが隣国伊賀だった。信長とこの伊賀衆との戦い「天正《てんしょう》伊賀の乱」は二度にわたって行われており、一度目は、足利義尚同様、伊賀衆のゲリラ戦に悩まされ、撤退を余儀なくされている。

このときの戦いでは伊賀衆が次々に繰り出してくる、織田方の将兵が見たこともない火器が大いに威力を発揮した。一体、それはどんなものだったのだろうか。

✤伊賀は独立国？

第一次天正伊賀の乱は、天正六年（一五七八）に起こった。このころの信長は、天下布武《ふぶ》の象徴として琵琶湖東岸に安土《あづち》城を築造途中で、甲斐《かい》の武田氏や中国の毛利氏、大坂の石山本願寺などと抗争を繰り広げているさなかであった。

その二年前には、伊勢国司《こくし》・北畠氏の養子となっていた信長の二男・織田信雄《のぶかつ》が北畠一族を騙《だま》し討ちによって滅ぼし、伊勢国を掌握していた。信雄といえば、父信長に似ない暗愚《あんぐ》な人物として知られ、のちの本能寺の変では気が動転して訳がわからなくなったのか、父がその建築に精魂を傾けた安土城を燃やしてしまうという軽《けい》挙妄動《きょもうどう》にも及んでいる。

そんな信雄は、父から褒《ほ》めてもらいたい一心で、伊勢の次に隣国伊賀も手に入れようと画策する。そして、その侵略の拠点とするため、かつて岳父《がくふ》（妻の父）の北畠具教《とものり》が隠居用に築城した丸山城（三重県伊賀市）に目をつけ、もっと多くの兵を収容できるよう、重臣の滝川雄利《たきがわかつとし》に改築を命じた。

これに驚いたのが、伊賀衆だった。織田軍のために早晩、この伊賀も侵略されてしまうのは火を見るより明らかと恐れ、改築工事が完了する前に城を破却してしまおうということで衆議一決する。

当時の伊賀や甲賀は、その土地の所有権の多くを京都や奈良の大規模な寺社が握っており、絶対的な支配者は存在しなかった。いわば自治独立国のようなもので、いったん変事が起こると、有力な土豪《どごう》たちが集い、合議制で解決策を見出した。また、外敵には一致団結して立ち向かうという掟《おきて》もあったという。

そのためには外敵に攻め込まれないよう、普段から周辺諸国に関する情報を集めておく必要があった。こうした伊賀や甲賀だけが持つ特殊性から、諜報《ちょうほう》活動に代表される忍《しのび》のわざがこの地で発達し受け継がれていったのである。

伊賀衆の備えは万全

丸山城の破却を狙った伊賀衆は天正六年十月二十五日、城に襲いかかり、工事の真っただ中にあった滝川雄利ら織田方の兵と人夫らを追い払うことに成功する。これに怒った信雄は、すぐにでも伊賀に侵攻しようとするが、どうやら信長に制止されたらしく、無念の臍《ほぞ》をかみながら出陣を取り止めたという。

その後、伊賀侵攻の機会を窺《うかが》っていた信雄は、やがて我慢ができなくなったのか、翌天正七年九月、信長に無断で八千の兵を集めると、伊賀を指して出陣した。あとで父に叱られたとしても、伊賀を侵略してしまえばそうきつく叱らないだろうというう、いかにも苦労知らずで育った御曹司《おんぞうし》らしい考えだった。

信雄が率いる八千の織田軍は伊賀国に近付くと、兵を三隊に分け三方向から侵攻した。信雄は、伊賀衆は織田の大軍に恐れをなし、即座に降伏を願い出てくるはずと読んでいたが、その考えは甘かった。

この日が来ることを予見していた伊賀衆の備えは万全で、急峻《きゅうしゅん》な地形が多いという地の利を生かした奇襲戦を仕掛け、織田軍をさんざんに悩ませた。こうした伊賀衆が繰り出したゲリラ戦で最も有効だったのは伊賀独特の武器（火器）だった。

たとえば、現代の手榴弾《しゅりゅうだん》のような「焙烙火矢《ほうろくびや》」というのがあった。球形の焙烙（素焼きの陶器）に火薬と鉄片などを詰めたもので、導火線に火をつけてほうり投げ、破裂すると中の鉄片が四方に飛び散り、殺傷力を発揮した。

現代の地雷《じらい》に相当する「埋火《うめび》」という火器もあった。四角い容器に火薬を詰めて地中に埋め、敵がそれを踏むと爆発し、一緒に詰めた鉄片や小石が飛び散るというものだった。これは竹筒の中に点火した火縄を仕込んでおき、敵がその竹筒を踏むと筒が割れ、火縄が火薬と接するという仕掛けだった。

✤飛火炬の恐るべき燃焼効果

なかでも、伊賀衆が使った火器で最も効果的だったと言われているのが、火矢の一種の「飛火炬《とびひこ》」である。通常の火矢は、油を染み込ませた麻布を矢の先端部に巻き付け、そこに火をつけたのち、弓で発射したが、飛火炬の場合、火薬が詰まった筒を矢の先端部に取り付けており、導火線に火をつけてから弓で発射した。

矢が茅葺《かやぶき》の屋根などに突き刺さると、すぐに筒の中の火薬に火がつき、筒口から前方へ向かって勢いよく火を噴きだす仕掛けだった。この火焔の噴射は数分間も続いたため、通常の火矢とは比べ物にならない燃焼効果を発揮した。

読者の中には、ＮＨＫテレビの歴史情報番組で行われたこの飛火炬の威力を再現する実験をご覧になった方もいることだろう。その実験に立ち会った歴史や火薬の専門家も舌を巻くほどの威力だったのをご記憶のことと思う。

江戸時代前期に著された忍術書『万川集海《まんせんしゅうかい》』によると、伊賀衆はこうした火器をなんと二百三十三種類も開発していたというから驚く。

織田軍はこれらの火器を駆使した伊賀衆のゲリラ戦に為《な》す術《すべ》がなく、数日で伊勢へ敗走したという。

信雄が無断で伊賀に侵攻し、しかも無様《ぶざま》に敗走したことを知った信長は激怒、信雄を勘当（親子の縁を切ること）するとまで言ったことが伝わっている。

天正九年（一五八一）四月、信長は五万の大軍で伊賀攻略に乗りだした。これが第二次天正伊賀の乱である。第一次から時間がかかったのは、石山本願寺との足かけ十一年に及ぶ抗争にけりをつけるのに手間取ったからだった。

✤九万人のうち三万人を虐殺

信長はこの第二次征討《せいとう》戦の総大将に信雄を据えた。不甲斐ない息子に名誉挽回の機会を与えたのである。しかも、信雄の補佐役として織田軍を代表する武将を二人（丹羽《にわ》長秀《ながひで》と滝川《たきがわ》一益《かずます》）つけてもいた。まさに、信長の親心といえた。

さすがにこの陣容と大軍とを前にし、伊賀衆は愕然《がくぜん》とした。いくらゲリラ戦が得意といっても、織田の大軍相手では蟷螂《とうろう》の斧《おの》に等しい抵抗だった。伊賀衆はあちらこちらで斬りたてられ、死骸の山を増やしていった。一説に、九万人いた伊賀衆のうち、三分の一に当たる三万人（非戦闘員を含む）がこのとき虐殺されたという。

こうして天正伊賀の乱は終結したのである。

自治独立国・伊賀の存亡を懸《か》け、様々な新兵器を駆使して織田軍に立ち向かった伊賀衆だったが、いかんせん相手が悪かった。しかし、このときの大敗によって皮肉にも忍の里――伊賀の名は千古不朽《せんこふきゅう》のものとなったのである。

村上水軍の火器「焙烙玉」が織田水軍を壊滅させた真相

✤大大名にも匹敵する権力をもつ

戦国時代、浄土真宗本願寺《じょうどしんしゅうほんがんじ》教団（一向宗《いっこうしゅう》）の信徒たちが各地で起こした権力に対する抵抗運動——すなわち一向一揆《いっこういっき》に多くの戦国大名が悩まされた。そのなかでも最大のものが、本願寺第十一世法主顕如光佐《けんにょこうさ》と織田信長《おだのぶなが》との間で繰り広げられた石山合戦である。顕如は全国の信徒に徹底抗戦を呼びかけ、なんと十一年間にもわたって信長を苦しめたのである。

浄土真宗は親鸞《しんらん》を宗祖とし、鎌倉時代初期に始まった日本仏教の宗旨《しゅうし》のひとつ。同宗旨の中興の祖と称される第八世蓮如《れんにょ》が、当時は石山と呼ばれていた現在の大阪城本丸跡付近にささやかな別院を開いたのは、明応《めいおう》五年（一四九六）のことである。

当時、本願寺の本山は京都・山科《やましな》にあったが、天文法華《てんぶんほっけ》の乱（天文元年＝一五三二）が起こった際、近江《おうみ》（滋賀県）の守護六角定頼《ろっかくさだより》と法華宗（日蓮宗）徒の連合軍によって焼き討ちに遭っていた。そこで、やむなく第十世証如《しょうにょ》は石山の別院を本山と定め、そこを石山本願寺と称したのである。

その後、教団は飛躍的に発展を遂げ、顕如の代になると大大名にも匹敵する権力を有するようになっていた。しかも、あからさまに軍事力を持とうとしたことから、そこに危機感を覚えた信長がその排除に乗り出した。それが石山合戦である。

✤一度は織田水軍を壊滅させる

この合戦では、織田方の水軍と、本願寺と手を組んだ毛利方の水軍が、大坂湾頭・木津川《きづがわ》口において古来未曾有《みぞう》の海戦を二度にわたって繰り広げている。一度目は毛利方の大勝だった。今日の焼夷弾《しょういだん》や手榴弾《しゅりゅうだん》のような火器「焙烙玉《ほうろくだま》」を駆使し、織田方の軍船をことごとく炎上させ、海中に沈めてしまったからである。

その二年後、復讐に燃える織田方の水軍は、ある奇策に打って出る。なんと船体に鉄板を張り詰めた船団で向かってきたのだ。これこそ当時の海外の海戦史にも例を見ない鉄甲《てっこう》船団であった。信長の発案によるもので、焙烙玉の被害を最小限に抑える狙いだった。この作戦はまんまと当たり、今度は織田方の圧勝で終わった。

これにより、兵糧《ひょうろう》や武器・弾薬などの補給を海上からに頼っていた石山本願寺では孤立状態となり、籠城《ろうじょう》軍の体力と気力は日増しに削《そ》がれていった。そのうち、ころあいをみて信長から石山退去を条件とする和睦《わぼく》の申し出があり、顕如は泣く泣くそれをのみ、石山から去ったのである。かくして、十一年間にわたる石山合戦は事実上、信長の完全勝利という形で終息した。

それにしても、一度は織田方の水軍を壊滅させる勝因ともなった焙烙玉とはどんな兵器だったのだろうか。そのあたりの謎と、後半には信長が発案した鉄甲船団についてもふれてみたいと思う。

❖織田水軍の大将は九鬼嘉隆

まず、「第一次木津川口の戦い」から、その戦況をみていこう。

天正《てんしょう》四年（一五七六）七月十三日、瀬戸内海で勢力を張る村上水軍を味方に引き入れることに成功した毛利水軍三百艘《そう》が、輸送船六百艘を守りながら、本願寺へ兵糧を搬入しようと行動を開始した。それを待ち受けるのは織田水軍の大小二百余艘。総大将は伊勢国（三重県）の九鬼《くき》水軍を束ねる九鬼嘉隆《よしたか》その人である。

織田方は兵力で相手に劣るうえに、船戦《ふないくさ》に慣れていない寄せ集めの陸上部隊が多かった。そのため日ごろ瀬戸内の複雑な海流に鍛えられた毛利水軍の敵ではなかった。毛利方は、数人ずつ乗った軽快な小舟で織田方の軍船に近寄ると、雨霰《あめあられ》と鉄砲を撃ちかけ、火矢を射《い》かけた。

そして、ころあいを見て敵船に乗り移るや、思うさまに織田の兵を斬り立て、海へ蹴《け》落とした。これにより織田方には溺死《できし》者が続出、片や毛利水軍には隊長級で戦死者は一人も出なかったという。やがて毛利水軍は、今やすっかり戦意喪失《そうしつ》した織田方の水軍をしり目に、悠々と本願寺に兵糧を運び入れたのである。

毛利水軍にとって最大の勝因は、第一に瀬戸内海で鍛え上げた巧みな操船技術があげられるが、ついで焙烙玉の威力も見落とせないものがあった。焙烙玉とは、焙烙と呼ばれる素焼きの器に火薬を詰め、導火線をつけ、布と縄で何重にも包んで表面に漆《うるし》を塗ってかちかちに固めたボール状の火器である。

これをそのまま敵に向かって投げたり、縄を付けて振り回し狙った所に飛ばしたりした。もっと遠くの場合は大筒に詰めて発射することもあった。爆発すると中の焙烙が四散し、殺傷力を発揮した。しかし、当時の黒色火薬では威力に乏しく、どちらかというと着弾した船や建物に火を付けるのが目的だった。

また、この焙烙玉同様、矢先に油をしみこませた布などを巻き付け、そこに火を付けて弓で飛ばす「火矢」も、船を炎上させるのに十分効果があったようである。

✤浮かぶ城、あるいは海上の要塞

この大敗に激怒したのが信長で、九鬼嘉隆を呼びつけ、

「このざまはなにごとじゃ。見損なったぞ。いっそのこと、鉄板張りの燃えない船を造ってしまえ」

と怒鳴りつけた。この命令に従い、嘉隆が伊勢国大湊《おおみなと》（現在の伊勢市）で建造したのが、史上例を見ない鉄甲船であった。長さ十三間（約二十三メートル）、幅七間（約十三メートル）あり、船首から船尾までを総矢倉とし、高々と天守まで構えていた。

こうした船体のほとんどが、厚さ二～三ミリの鉄板で覆われていたという。おまけに大砲三門と大鉄砲も数挺《ちょう》装備しており、まさに「浮かぶ城」、あるいは「海上の要塞《ようさい》」と呼べるものであった。

この船を実見した宣教師オルガンチノは、「王国（ポルトガル）の船にも似ており、このような船が日本で造られていることは驚きだ」と記録している。当時は欧州にも鉄板張りの船はまだ登場していなかったのである。

嘉隆はこうした鉄甲船を二年間で六隻《せき》も建造したのである。一隻当たりどれくらいの費用を要したか、記録は残されていないが、おそらく莫大《ばくだい》なものであったろう。信長はこの鉄甲船団の存在がこのたびの合戦の勝敗を分けると直感していたらしく、織田家の有能な財務官僚で堺の代官も務めていた松井友閑《まついゆうかん》に、九鬼嘉隆が資金繰りに困らないよう面倒をみろと命じている。

建造なった鉄甲船団が堺港に入ると、上機嫌の信長は堺の民衆や公家《くげ》などを集め、盛大なお披露目を行った。九鬼嘉隆は面目《めんもく》を施し、信長から褒美《ほうび》として千人扶持《ふち》を頂戴している。

✤朝廷の斡旋で和睦へ

天正六年十一月六日早朝、前回と同じ木津川口で毛利水軍と織田水軍は交戦した。「第二次木津川口の戦い」である。

鉄甲船の威力は絶大で、焙烙玉も火矢もほとんど効果がなかった。また、織田水軍がとった、敵の大将級が乗っているとにらんだ船に集中的に大砲の弾丸を浴びせる作戦も大成功だった。前回の失敗に凝りた九鬼嘉隆は、この二年間で実戦を想定して兵や水夫《かこ》を徹底して鍛えており、水夫頭《かしら》たちは自分の手足のように船を操れるようになっていたのである。

その日の正午ごろになると勝敗は明らかとなり、毛利水軍はわれ先にと西を指《さ》して大坂湾を脱出していった。こうして織田水軍は悲願だった大坂湾の制海権を握ったのである。

なお、この二度目の海戦については、そもそも織田水軍の船は鉄板張りではなく、たんに火器を多く装備した大型船だったなど異説も多く出ているが、今回は通説に従って話を進めたことをお断りしておく。

いずれにしろ、この織田水軍の勝利によって石山本願寺の孤立が強まったのは事実。それから二年後の天正八年三月、朝廷の斡旋《あっせん》により、互いに誓書を取り交わして和睦が成立し、四月九日、顕如は石山を退去したのだった。

焙烙玉という新兵器で織田水軍を一度は壊滅させた毛利水軍だったが、その新兵器を無力化する鉄甲船で対抗した信長。「相手が燃やしにくるなら、燃えない船を造ればよい」という発想は、その他大勢のわれわれ常識人には出るようで出るものではない。どうしても常識人なら、鉄＝《イコール》重い＝海に沈む――と考えがちだ。こうした先入観や常識にとらわれないところに信長の真骨頂《しんこっちょう》がある。

第三章 ❖ 運命に翻弄されたあの人たち

豪姫の病を治した宝刀「大典太光世」の物語

✤代々守られてきた家宝

加賀《かが》、能登《のと》、越中《えっちゅう》の三国の大半を領地とし、百万石を超える石高を誇った加賀の前田家。藩祖はご存じ、豊臣秀吉《とよとみひでよし》の竹馬の友にして、秀吉が天下の権を握ると、その補佐役として豊臣政権を支えた前田利家《としいえ》である。

前田家は、外様《とざま》でありながら御三家（尾州《びしゅう》、紀州《きしゅう》、水戸《みと》）に準ずる家格を持ち、例えば、御三家と老中にしか認められていなかった「手伝い普請《ぶしん》」（幕府から命じられる土木工事のこと）を免除されるなど様々な特権が与えられていた。

そんな前田家に、「三種の神器《じんぎ》」として蔵の奥深くに代々大切に守られてきた宝物があるのをご存じだろうか。

いずれも刀剣類で、太刀の大典太光世《おおでんたみつよ》、三条小鍛冶宗近《さんじょうこかじむねちか》の刀、静御前《しずかごぜん》（源義《みなもとのよし》経《つね》の愛妾《あいしょう》）の薙刀《なぎなた》――の三振《ふり》をいう。

本項ではこのうち、大典太光世（通称・大典太）を取り上げてみた。この太刀は「天下五剣」の一つとされ、昭和三十二年（一九五七）に国宝にも指定されている。利家にこの太刀を与えたのが誰有ろう秀吉で、その際、利家の愛娘《まなむすめ》・豪姫《ごうひめ》の存在が大きくかかわっていた。そのあたりの経緯《いきさつ》を述べてみたいと思う。

✤鳥止まらずの蔵

大典太は平安時代、筑後国《ちくご》（福岡県南部）で活動した刀工三池《みいけ》派の祖・三池典太光世の作である。刃長は二尺一寸八分（約六十六・一センチ）。一般的に平安期の太刀は二尺六寸前後あり、細身ですらりとしたものが多い。それに比してこの大典太は短めで、しかも身幅が広く、力強く豪壮な雰囲気を醸《かも》し出している。

前田家には、三池光世作の太刀が二振あり、長いほうを「大伝太（大典太）」、短いほうを「小伝太」と呼んでいた。伝太は光世の通称という。

大典太の切れ味は抜群で、それに関して数々の逸話を残している。

例えば、前田家が大典太を所有していたころ、保管していた蔵の屋根に小鳥などが止まると、大典太が発する霊気に打たれ、小鳥はパタッと地面に落ちてしまった。

以来、この蔵は「鳥止まらずの蔵」と呼ばれたという。

また、寛政《かんせい》四年（一七九二）八月、据物《すえもの》斬りを代々生業《なりわい》としていた山田浅右衛門《やまだあさえもん》（五代目の吉睦《よしむつ》）が、大典太を使って死体の試し斬り——三つ胴試しを行ったという記録がある。それによると、重ねて置いた三つの死体のうち、二つまでを両断し、三つめの背骨で止まったという。

ちなみに、試し斬りの最高記録は、これも天下五剣の一つに数えられている「童子切安綱《どうじぎりやすつな》」（丹波大江山に棲《す》んでいた鬼・酒呑童子《しゅてんどうじ》の首を斬り落としたことから命名）を使った試し斬りだ。このときは重ねた六つ胴を両断し、しかも勢い余って下の土壇《どたん》に刃が食い込んだというから、凄《すさ》まじい切れ味だ。

もともと大典太は、「鬼丸国綱《おにまるくにつな》」や「大般若長光《だいはんにゃながみつ》」などと一緒に足利《あしかが》将軍家に伝来してきた太刀の一つだったが、足利家が滅ぶと豊臣秀吉の手に渡った。それがなぜ前田家に移ったかというと——。

✤魔物の力を封じ込める

大典太が秀吉から前田利家の手に渡った経緯として、いくつかの説が伝わっているが、その中から有力な二つの説を取り上げてみよう。

秀吉が晩年を過ごした伏見城では、つねに側近くに話し相手として加藤清正《かとうきよまさ》や黒田長政《くろだながまさ》らが詰めていた。あるとき、千畳敷きとも呼ばれる城の大広間に物の怪《もののけ》が出て悪さをするという噂が流れた。夜中に大広間を歩いていると、刀の鐺《こじり》（鞘尻《さやじり》）を何者かにつかまれ、動けなくなるというのである。

その日の夜も、清正らは秀吉相手にそんなたわいない話をしていると、そこへやって来たのが、前田利家だった。利家は清正らの話を聞くと、

「そんな馬鹿げた話があるものか。どれ、わしが確かめて進ぜよう」

一笑に付して部屋を出て行こうとすると、秀吉が呼び止めた。

「前田殿、これを差していきなされ」

そう言って手渡されたのが、大典太であった。

この大典太が持つ霊力が魔物を封じ込めたらしく、大広間を渡りきっても、利家の身には何ひとつ怪異なことは起こらなかった。利家が平然とした顔で秀吉らが待つ部屋に戻ってくると、秀吉は手を叩いてその勇気を称賛した。このとき、天下の名刀・大典太は褒美《ほうび》として利家に与えられたのだという。

もう一つの説は、利家の四女・豪姫にまつわるものだ。

豪姫は、わずか二歳で秀吉・おね夫婦の養女となった女性だ。秀吉の猶子《ゆうし》（養子の一種）の宇喜多秀家《うきたひでいえ》に十五で嫁ぐまで、子が無かった秀吉夫婦にそれこそなめるようにかわいがられて育ったという。

豪姫は生来の病弱で、秀家との間に三人（四人とも）の子をなすが、そのつど長く寝込むほどだったという。

✤秀吉、伏見稲荷を恫喝

文禄《ぶんろく》四年（一五九五）というから、秀吉が亡くなる三年前にも豪姫は大病を患っている。このとき豪姫二十二歳。秀吉は大いに心配し、これは姫に狐がついたからだと思い込み、狐を「神使《しんし》」とする稲荷神社の総本宮である京都の伏見稲荷大社に、次のような手紙を出している。

「豪の体からいますぐ出ていかねば、日本中の狐を退治してしまうぞ」

しかし、さすがの秀吉の恫喝《どうかつ》も効果はなかったようで、姫の病状が好転することはなかった。

そこで、実父である利家が秀吉に頼み込み、大典太を借用し、姫の枕元に置いてみた。名刀を守り刀とすることで、その霊力によって姫の体から狐を追い出そうとしたのである。すると、姫の病気はみるみる快方に向かい、三日もするとほとんど熱は下がってしまった。

ほっと胸をなでおろした利家は、もう大丈夫と大典太を秀吉に返却したところ、一転、姫の病気がぶり返してしまった。利家は秀吉に懇願してもう一度大典太を借り受け姫の枕元に置くと、またも大典太の霊力が功を奏したか、病状は好転し、ついにはすっかり治ってしまったという。

そこで秀吉は、二歳から育ててきたかわいい姫のことでもあり、

「この刀は前田殿が持っていたほうがよさそうじゃ」

そう言って、利家に大典太を与えたという。

——どちらの説が正しいかはわからないが、大典太は、魔物や病まで断ち切る天下の名刀であったことは間違いないようだ。

愛刀「歌仙兼定」で臣下を手にかけた細川忠興の実像をたどる

✤信長は意外にも寛容で悠長だった?

――鳴かぬなら　殺してしまえ　不如帰《ほととぎす》
織田信長《おだのぶなが》の句だと言われているが、むろん後世の創作だ。しかし、信長の短気で残忍な気性を見事に表わした句であると言えよう。

そんな信長も、相手によっては意外なほど寛容になったり悠長になったりしたから不思議だ。例えば、自分を何度も裏切った松永弾正《まつながだんじょう》（久秀《ひさひで》）をそのつど赦《ゆる》したり、石山本願寺攻めでは足かけ十一年もかけたりしている。どうやら、「短気で残忍」というイメージは信長自身が戦略の一環で意図的に流したものだったかもしれない。

では、信長を除くと戦国期の武将の中で誰が一番短気だったのだろうか。

まず、思いつくのが、賤ヶ岳《しずがたけ》の七本槍の福島正則《ふくしままさのり》。自他共に認める「瞬間湯沸かし器」だった。天下を取った徳川家康《とくがわいえやす》も若いころは相当短気だったらしい。しかし、ここで忘れてならないのが、細川忠興《ほそかわただおき》の存在だ。

忠興といえば、豊前《ぶぜん》小倉藩初代藩主にして肥後《ひご》細川家の初代でもあった人物。キリシタンの細川ガラシャ（日本名は玉《たま》）の夫としても有名だ。この忠興がいかに短気だったか、彼の愛刀・歌仙兼定《かせんかねさだ》の逸話を交《まじ》えながら語ってみることにしよう。

❖妻を溺愛する忠興

細川忠興は、永禄《えいろく》六年（一五六三）十一月、室町幕府第十三代将軍・足利義輝《あしかがよしてる》に仕《つか》える細川幽斎《ゆうさい》（藤孝《ふじたか》）の長男として誕生した。幼名熊千代。父幽斎は文武両道の達人で、特に歌道や茶道に明るく戦国期きっての教養人と言われている。

十五代将軍・足利義昭《よしあき》が織田信長と対立を深めると、幽斎は足利家を見限り、熊千代を伴って信長に臣従《しんじゅう》する。

熊千代は信長・信忠父子《のぶただおやこ》に愛され、天正《てんしょう》六年（一五七八）、十六歳で元服すると、信忠より名前の一字をもらい受け、忠興と改名した。この年、信長の仲介で明智光《あけちみつ》秀《ひで》の三女・玉を娶《めと》る。お玉は忠興と同年齢で、すでに絶世の美女として知られていただけに、忠興は有頂天になった。

しかし、お玉との幸せな夫婦生活は長続きしなかった。天正十年、本能寺の変によって夫婦の運命は大きく変転してしまう。

幽斎・忠興父子は、謀叛《むほん》を起こした光秀から味方に誘われるが、父子はこれを拒否。忠興は愛するお玉が反逆者の娘となったことを気に病み、丹後国味土野《たんごみどの》（現在の京丹後市弥栄町）にお玉を幽閉してしまう。本当ならこうした場合、離縁するのが普通だが、お玉を溺愛《できあい》する忠興にはそれができなかったのだ。

細川忠興とガラシャ夫人像（勝竜寺城公園＝京都府長岡京市）

その後、羽柴秀吉《はしばひでよし》が天下の覇権を握ると、幽斎・忠興父子は秀吉に仕えた。その秀吉の計らいで、お玉は大坂の細川屋敷に戻ることを赦《ゆる》される。

しかし、忠興は秀吉に遠慮して軟禁状態に置いた。お玉はこのころからキリスト教にひかれていったという。

愛する妻が自分のもとに戻

って来たというので、忠興はお玉をいよいよ溺愛した。それは、現代の感覚からすれば異常としか言い様がない愛し方だった。

✤訳もわからず斬られた植木屋

妬心《としん》が人一倍強い忠興は、お玉を徹底的に束縛《そくばく》した。たとえ牡猫《おすねこ》一匹であっても男と名が付くものはお玉の部屋に近付けないよう、お玉付きの侍女《じじょ》たちに厳命したという。その命令をうっかり破るとどうなるか——こんな逸話がある。

お玉の部屋の前には美しい庭園が広がっていた。その日、庭木の手入れに植木職人が入っていて、その仕事ぶりを眺めていたお玉が、職人になにやら言葉をかけたところ、たまたまそれを物陰から目撃した忠興が、スタスタと植木職人に近寄り、一刀のもとに首を刎《は》ねてしまった。その職人はきっと、自分がなぜ斬られるのか、訳もわからず死んでいったに違いない。

のちにお玉は、関ヶ原の戦いの際、夫の留守中に西軍の人質になるのを拒《こば》み、実質的な自害を遂げることになるのだが（享年三十八）、これも忠興の妬心が招いた悲劇と言えなくもなかった。なぜなら、もしも人質になったとしても、石田三成《いしだみつなり》はお玉の命を奪うようなことはしなかったはずだからだ。事実、このとき三成が取った大名の人質は誰一人殺されていないという。

忠興はつね日ごろ、こうした事態を想定して、「もしものときはお玉を手にかけ、お前たちも自害せよ」と、お玉付きの警護の武士たちに言い含めていたという。

なぜ忠興がそんなことを言ったかといえば、「美しいお玉が人質になればほかの男どもの好奇の目に晒《さら》され、あげくにはその身を穢《けが》されるにきまっている」と思い込んでいたからだ。つまり、お玉は、忠興の身勝手さゆえに散らさなくてもよい花の命を散らしてしまったのである。

❖奸臣を自らの手で成敗

忠興の短気ぶりはつとに知られており、奈良の豪商茶人の回想録『茶道四祖伝書』に、「天下一、気の短い人物」と書かれるほどだった。

したがって、逸話に事欠かない。今度は忠興の愛刀「歌仙兼定」にまつわる話だ。なにやら雅《みやび》で床《ゆか》しい名前の刀だが、実際は雅のかけらもなかった。

忠興は七十歳になると、家督を三男忠利《ただとし》に譲り、自らは八代城《やつしろ》（熊本県八代市）

に入って隠居した。ところが、忠利の側近に奸臣《かんしん》がいることがわかり、国の将来を憂えた忠興はその家来を八代に呼び寄せ、自らの手で成敗した。このとき忠興が使った刀が兼定だった。

この時点で、忠興が生涯で手討ちにした臣下の数は三十六人を数えたことから、古《いにしえ》の三十六歌仙にちなんで、歌仙兼定と命名したという。そんな物騒な刀に名前を利用された柿本人麻呂《かきのもとのひとまろ》や小野小町《おののこまち》にとってはいい面《つら》の皮であったろう。

忠興の愛蔵品には、こうした斬新（残酷？）なネーミングの刀剣類がまだある。例えば、忠興が生意気な茶坊主を斬って気がせいせいしたというので、そのとき使った脇差《わきざし》を「晴思剣《せいしけん》」、一振りで顔面が能の面でも落としたように削《そ》げたというので、その薙刀《なぎなた》を「面の薙刀」と命名したりしている。ちょっと精神状態を疑いたくなるネーミングセンスだ。

忠興には、「癪《しゃく》」という持病があり、徳川家康から漢方薬をもらったという記録もある。癪は圧倒的に女性に多く、感情が高ぶってヒステリーになり、それによって起こる胃痛などを指す。忠興も、感情が高ぶってくると胃が痛くなり、自分でも抑えきれない異常行動に出てしまったのだろう。これが、忠興の「短気で粗暴」な性格の正体である。

✤「利休七哲」の一人に

癪とは病名こそ違え、精神的ストレスが原因の似たような病気に「痞《つか》え」がある。そう、「忠臣蔵」で有名な浅野内匠頭《あさのたくみのかみ》が悩まされていた病気だ。この痞えも、自分にとっての我慢の限界を超えると、発作的に常軌《じょうき》を逸した行動に走ってしまうという一種の精神障害とみられている。つまり、忠興も内匠頭も、精神的ストレスには至って弱かったのだ。

そんな短気で粗暴な面ばかりが目立つ忠興だが、父幽斎ゆずりの芸術家肌で、人一倍律儀《りちぎ》で義理堅い性格の持ち主でもあった。

芸術面では、和歌や能楽、絵画にも通じた一流の文化人で、特に茶道では千利《せんのり》休《きゅう》に師事し、「利休七哲」の一人に数えられるほどだった。

その利休が、秀吉の勘気を蒙《こうむ》って切腹を命じられた際、利休と親しかった門人や武将たちの中で忠興と古田織部《ふるたおりべ》の二人だけが死ぬ直前に利休を見舞っていた。門人らは連座を恐れて誰一人出向かなかったのだ。それだけ忠興と織部はともに義理堅く、度胸もあったのだろう。のちに感激した利休は二人に礼状を出している。

また、忠興は信長の死後、領内に信長の霊を祀《まつ》る寺を建立《こんりゅう》し、月命日には精進潔斎《しょうじんけっさい》を欠かさなかった。七十五歳の高齢で夏の炎天下にわざわざ信長の菩提寺《ぼだいじ》である大徳寺総見院にまで出向き、焼香したという記録もある。つまり忠興は、五十年以上たっても若いころに受けた信長の恩を忘れなかったのだ。

気の短さも義理堅さも、どちらも人間の限界点まで達していた細川忠興。欲と欲とがむき出しでぶつかり合った戦国時代にしか生まれない特異な個性《キャラクター》だった。

忠興は八十三歳で、当時としてはかなり長命で亡くなっている。

伊達成実の兜「黒漆塗仙台五枚胴具足」が「毛虫」である理由

✤蜻蛉の意匠を好んだ板垣信方

昆虫が好きな武将は少なくない。代表格が蜻蛉《とんぼ》で、戦国期、甲冑《かっちゅう》をはじめ愛用の武具や装身具などにその意匠《いしょう》を取り入れる武将が続出した。

なぜ蜻蛉が好まれたかといえば、スイスイと宙を飛び回る俊敏さにあこがれただけでなく、絶対に前にしか飛ばず、後ろに退《ひ》かないことから、それを〝勇猛さ〟の象徴とみたのである。それゆえ蜻蛉は、武将にとっては縁起のよい虫とされ、「勝虫《かちむし》」と呼ばれることもあった。

そんな蜻蛉の意匠を殊更《ことさら》好んだのが、武田四天王の一人で勇将の誉《ほま》れ高い板垣信方《いたがきのぶかた》である。武田信虎《たけだのぶとら》・信玄《しんげん》の父子《おやこ》二代に仕《つか》え、北信濃《しなの》の村上義清《むらかみよしきよ》と戦った「上田原合戦」で壮絶な討ち死にを遂げた信方は、兜《かぶと》の前立《まえだて》は言うに及ばず、手甲脚絆《てっこうきゃはん》、着物にも蜻蛉の意匠を取り入れていた。

この板垣信方の子孫といえば、誰有ろう、明治維新期の元勲《げんくん》・板垣退助《いたがきたいすけ》である。ご存じのように板垣（旧姓乾《いぬい》）は土佐藩の高級武士出身で、三十二歳で従軍した戊辰《ぼしん》戦争では東山道先鋒総督府《とうさんどうせんぽうそうとくふ》の参謀《さんぼう》として華々しい活躍をみせている。

✤前田利家も蜻蛉の前立付き兜を

板垣退助の名前、退助は元来は通称で、幼名は猪之助《いのすけ》といった。猪突猛進《ちょとつもうしん》の猪《いのしし》である。この名前からもわかるように、幼少期は武士の子として両親から厳しく育てられたらしい。腕白だった猪之助少年は同年代の子とよく喧嘩したそうだが、負けて帰ったりすると母親が待ち構えていて、「勝つまで敷居をまたいではならぬ」と屋敷の門の外へ放り出されることもあったという。

いつごろから退助を名乗ったかははっきりしないが、戊辰戦争のときはすでに用いていたことがわかっている。戦《いくさ》に臨《のぞ》んでは、相手がどんなに強敵であろうと、偉大な先祖の板垣信方を見習って絶対に退かないぞと堅い決意と自戒の念をこめ、あえてこんなマイナスイメージの名前を名乗ったものと考えられている。板垣信方の勇猛さは脈々と受け継がれていたのである。

このほか蜻蛉の意匠を好んだ武将に、加賀百万石の礎《いしずえ》を築いた前田利家《まえだとしいえ》がいる。利家といえば戦場にあっては長柄《ながえ》の槍を引っ提《さ》げ、つねに先陣を駆け抜けた猛将だ。この利家は、前立に蜻蛉の意匠を施した兜を愛用していたことが前田家の記録に残されているが、残念ながら実物は現存していない。戦場を縦横無尽に暴れ回った利家にはなによりふさわしい兜であったといえよう。

蜻蛉の次は毛虫。そう、あの全身に細かい毛をびっしりと生やした蝶《ちょう》や蛾《が》の幼虫だ。全身をくねらせてもぞもぞと動くさまは、けっして気味のいいものではない。触れると肌がかぶれることだってある。そんな、ほとんどの人が嫌う毛虫をあえて甲冑の意匠に採用したのが、伊達成実《だてしげざね》である。

✤葉（刃）を喰うという縁起担ぎ

伊達成実は、仙台藩初代藩主伊達政宗《だてまさむね》の重臣で、一つ年上の政宗とは従兄弟《いとこ》の間柄になる人物。政宗が最も信頼した家臣とされ、戦場でもつねに群を抜く勇敢な働きを示したという。

そんな成実が合戦で愛用したのが、熊の毛で作られた毛虫の前立が付いた兜である。この前立に関して、一時期、毛虫ではなく百足《むかで》だとする説も流れたが、兜を代々保管し、北海道伊達市を開拓した亘理伊達《わたりだて》家の伝承によって、今日では毛虫で間違いないということに落ち着いている。

それにしても、なぜ毛虫なのか気になるところだが、その理由は次のようなものだった。

一つ、毛虫は前進あるのみで、けっして退き下らないためその〝勇猛さ〟にあやかろうとした。一つ、毛虫は葉(刃)を喰うという縁起担ぎから戦場での魔除《よ》けになると考えた。一つ、その昔、「源氏」を「けむし」と発音したところから、自分は源氏の正統であると誇示しようとした——以上である。

蜻蛉同様、毛虫もまた戦国武将にとっては「勝虫」の一つだったのである。現在、この伊達成実の兜(「黒漆塗仙台五枚胴具足《くろうるしぬりせんだいごまいどうぐそく》」)は、伊達市開拓記念館に保管されている。

なお、常陸《ひたち》(茨城県)一円に勢力を張り、「鬼義重《おにぎじゅう》」「坂東太郎《ばんどうたろう》」の異名で恐れられた佐竹義重《よししげ》もまた毛虫の前立付き兜を愛用していた。この兜は現在、秋田市立佐竹史料館にあり、同館には義重の嫡男《ちゃくなん》で出羽久保田藩(秋田藩)の初代藩主となった佐竹義宣《よしのぶ》の兜——なんとこちらも毛虫の前立付き——も収蔵されている。

三日月の兜「弦月形前立付筋兜」に一生を重ねた伊達政宗の実像

✤ひたすら信じた道を歩いてきた一生

戦国武将に流行した信仰の一つに、「妙見信仰《みょうけん》」というのがある。そもそも北天にあって動かない北極星（北辰《ほくしん》とも）に対する信仰心から起ったもので、武将たちは北辰の化身とされる妙見菩薩《ぼさつ》を軍神として崇《あが》めた。

戦国武将がよく家紋や甲冑《かっちゅう》などの意匠に、太陽（日輪）や月、星などを取り入れたのはこの妙見信仰によるものだという。

伊達政宗も妙見信仰を持っていたとされ、特に「月」を好んだ。風流人でもあった政宗は、月をうたった和歌を数首残している。たとえば、

心なき　身にだに月を　松島や　秋のもなかの　夕暮れの空
曇るとも　照るとも同じ　秋の夜の　その名は四方《よも》に　さらしなの月
恋しさは　秋ぞまされる　千とせ山の　あこやの松に　木隠《こがく》れの月
曇りなき　心の月を　先だてて　浮世の闇を　照らしてぞ行く

——などで、最後の「曇りなき」は政宗の辞世である。意味は「先の見えない戦国の世に、月の光を頼りに進むように、ひたすら自分が信じた道を歩いてきた、そんな一生だった」というものである。

✤デザインの美しさに機能性も

政宗は戦《いくさ》でかぶる兜にも、月のデザインを取り入れたものを持っていた。ご存じ「弦月形前立付筋兜《げんげつがたまえだてつきすじかぶと》」のことだ。前立に大きくデフォルメされた三日月の飾りが付いた兜で、誰しも一度はテレビなどでご覧になったことがあるはずである。

兜本体は細長い鉄板を重ね合わせて強度を高めており、仕上げに黒漆《くろうるし》が塗られていた。前立には黄金に輝く三日月を装着。この三日月は木に金箔《きんぱく》を張ったもので、万一、何かにぶつかっても首を痛めないよう簡単に折れるようになっていた。また、左右非対称で向かって左側を短くしているのはデザイン上の美しさばかりでなく、右手で太刀をふるったときに邪魔にならないようにという配慮だった。

とにかく、シンプルだがいつの時代でも古さを感じさせないモダンなデザインで、遠くからでもシルエットを見ただけで政宗だということがわかる、インパクトの強い兜である。また、体に着用する鎧《よろい》は黒一色で、漆黒の全身にただ一点の黄金の三日月――と、さすがは戦国期きっての洒落者《しゃれもの》で、「伊達男」の語源となった政宗の本領発揮といったところだ。

三日月には、これからどんどん膨らんで最後には満月になる――つまり満願成就《まんがんじょうじゅ》するという縁起のよい意味も含まれており、「いずれは天下を」と大望を胸に秘めていた青年期の政宗にはうってつけの題材《モチーフ》だったと言えよう。

ちなみに、伊達家の重臣の一人で政宗の信任厚い片倉小十郎景綱《かたくらこじゅうろうかげつな》は、愛宕権現《あたごごんげん》のお守り札と八日月《ようかづき》（半月）の前立が付いた兜「神符《しんぷ》八日月形前立付筋兜」を愛用していたという。

名刀「竹俣兼光」が上杉謙信から景勝に継がれたその後の騒動とは

✤小豆が刀身に当たって真っ二つに

名刀を蒐集《しゅうしゅう》することに情熱を傾けた戦国武将も多い。豊臣秀吉《とよとみひでよし》の場合、晩年にはざっと四百五十振《ふり》もの古今の名刀を所有していたという。しかし、その上をいく武将がいた。軍神と崇《あが》められた越後《えちご》の上杉謙信《うえすぎけんしん》である。史料によれば、なんと謙信は七百を超える名刀を所有しており、その管理や手入れのために毎年かなりの人員や出費を覚悟しなければならなかったという。

謙信は特に備前《びぜん》の大太刀を好んだ。コレクションのなかで最も有名なのが、備前長船長光《おさふねながみつ》作の通称「小豆長光《あずき》」であろう。なぜこんな変わった号が付いたかというと、それはこんな逸話に由来する。

ある日のこと、謙信の家来が往還《おうかん》を拾い歩いていると、肩に大きな袋を担いで自分の前を歩く男がいた。何気なく男の背中を見ると、袋の底が破れているらしく、その穴から中の小豆がぽたぽたと落ちていた。しかも、男は腰に見るからに貧相な刀を差していたのだが、鞘《さや》が一部破損し、刀身がむき出しになった部分があり、そこに小豆が当たると、小豆が真っ二つになって地面に落ちていくではないか。

「これぞ埋もれた天下の名刀に違いない」

とにらんだ家来は、男から大金を出して刀を買い取ると、その刀をすぐ謙信に献上した。この小豆長光こそが、川中島の合戦で、謙信が宿敵・武田信玄《たけだしんげん》に襲いかかったときにふるった太刀だという。残念ながら現存は確認されていない。

謙信が所有した刀でもうひとつ、よく知られているのが、備前長船兼光《かねみつ》作の通称「竹俣兼光《たけのまたかねみつ》」である。こちらも数々の伝説をまとった刀として有名だ。

❖贋作騒動に巻き込まれる

竹俣兼光は、謙信の股肱《ここう》の臣、竹俣三河守慶綱《みかわのかみよしつな》が元々持っていたものだが、のちに慶綱から謙信に献上された刀である。雷《らい》（あるいは雷神）を切ったことから「雷切《きり》」と呼ばれたり、川中島の戦いで謙信が、敵の鉄砲を持った兵士を銃身ごとスパッと両断したことから「鉄砲切兼光」と呼ばれたりする稀代《きだい》の大業物《おおわざもの》であった。

この竹俣兼光をめぐっては、当時の刀剣業界をゆるがす贋作《がんさく》騒動が起きており、そのことがなお一層、この刀の知名度を高めることにつながった。その顚末《てんまつ》とは次のようなものだった。

叔父謙信から竹俣兼光を受け継いだ上杉景勝《かげかつ》は、研ぎ直しと拵《こしらえ》を修復するため京都へ刀を出したことがあった。しばらくして一段と立派になって手元に戻ってきたので、景勝は諸将を集めてお披露目をした。諸将はそれぞれ口々に、

「さすがに京の水で研いだだけのことはある。まるで新刀のようだ」

などと褒《ほ》めそやしたが、一人だけ浮かぬ顔をしている者がいた。ほかでもない、二代目竹俣三河守であった。やがて三河守は硬い表情で景勝にこう言上《ごんじょう》した。

「殿、この刀は竹俣兼光ではございません。贋作です」

それが証拠に、本物は鎺金《はばきがね》（刀身の手元の部分にはめる金具）から一寸五分ばかり上がった鎬《しのぎ》（刀身の中間にある稜線）に、髪の毛一本が通るほどの小さな孔《あな》が刀身の表裏を貫いていた。ところが、この刀にはその孔がないというのである。三河守は、自分は小さいころに親からそのことを教わっており、絶対に見間違えるはずがないと胸を張った。

✤黄金三百枚に相当

家宝の名刀を詐取《さしゅ》されたとあっては上杉家の名折れと考えた景勝は、さっそく京都に使者を送り、真相の究明に当たらせた。すると、間もなくして京都・清水坂《きよみずざか》に店を張る刀剣商を中心とする偽造団が京都所司代によって摘発され、関係者十数人が磔刑《たっけい》に処された。本物の竹俣兼光もみつかり、景勝の手元に無事戻った。こうして当時の刀剣業界を騒がせた贋作事件は落着したのである。

ところが、この事件のせいで景勝に思わぬ不幸が舞い込む。噂を聞いた豊臣秀吉《とよとみひでよし》が、どうしてもその刀が欲しいと言い出したのだ。さすがに景勝は秀吉の要求を断ることができず、泣く泣く竹俣兼光を献上したという。

その後、大坂夏の陣で竹俣兼光は焼失したとされている。徳川二代将軍秀忠《ひでただ》は、もしも落城前に持ち出した者がいれば、黄金三百枚で買い取るとふれを出したが、結局、刀は見つからなかった。

自ら先陣を切る蒲生氏郷の「鯰尾の兜」に秘められた想いをよむ

✤出世する大名ほど家来思い

どうしても戦国時代というと、家来に辛く当たる主君が多いような印象だが、実際はどうだったのだろうか。

よくよく調べてみると、生涯に三十数人もの家来を手討ちにして何とも思わない細川忠興《ほそかわただおき》のような主君は極端な例で、出世した大名ほど家来を大切にしていたことがわかった。その双璧とも言えるのが、蒲生氏郷《がもううじさと》と加藤嘉明《かとうよしあき》である。

蒲生氏郷は、二人の英傑（織田信長《おだのぶなが》と豊臣秀吉《とよとみひでよし》）から目をかけられた数少ない武将だ。武勇に優れ、天下人となった秀吉に「百万の兵を指揮させたら、誰よりも氏郷が一番」と言わしめたほどである。茶の湯にも通じ、千利休に師事して「利休七哲」の一人にも数えられている。まさに、文武両道の達人だった。

一方の加藤嘉明。ご存じ、福島正則《ふくしままさのり》や加藤清正《かとうきよまさ》同様、秀吉の子飼い衆の一人で、賤ヶ岳《しずがたけ》の七本槍の猛将だ。秀吉が亡くなると、「武断派」の一人だった嘉明は石田《いしだ》三成《みつなり》と対立し、関ヶ原では徳川家康《とくがわいえやす》に味方した。伊予松山藩および陸奥会津《むつあいづ》藩初代藩主にもなっている。

そんな氏郷も嘉明も、家来に対する思いやりは並外れていた。それを裏付ける逸話をそれぞれいくつか紹介してみよう。

❖硬軟取り混ぜた人心掌握術

まず、蒲生氏郷。月に一回、屋敷に家臣を集めて会議を開くのを恒例にしていた。出席者は長幼《ちょうよう》や禄高《ろくだか》にかかわらず自由に発言できた。会議が終わると、氏郷自ら家来のために風呂を沸かしたり酒肴《しゅこう》をふるまったりしたというから驚く。

新参者が同席したりすると、こう言って励ました。

「もしも、戦場で銀の鯰尾《なまずお》の兜《かぶと》をかぶり、先を駆ける者を見かけたら、その者に負けぬよう働くことだ」（『名将言行録』）

その鯰尾の兜をかぶった者とは、氏郷自身のことだった。氏郷がかぶったとされるこの鯰尾の兜は現存こそしていないが、氏郷が南部《なんぶ》家に贈ったとされる燕《つばめ》の尾をモチーフとしたほぼ黒一色の兜が伝わっている（岩手県立博物館蔵）。

文字どおり、上部が燕の尾を思わせる二又に分かれた斬新なデザインで、この兜をかぶり、軍馬に打ち跨《また》がった姿は、きっと味方を鼓舞し、敵を大いに畏怖《いふ》させたことは想像に難くない。

氏郷は、部下思いの半面、命令違反には厳しく対処した。あるとき、家来の一人に鯰尾の兜を預け、「ここを動いてはならぬ」と命じ、見廻りに出た。戻ってみると、その家来は別の場所にいた。そこで、「ここを動いてはならぬ」ともう一度言い、再び見廻りに出た。戻ってみると、またも家来はその場にいなかった。氏郷は家来を呼び寄せると、一刀のもとに斬り捨てたという。

たんにやさしいだけの将ではなかったのである。

✤帰参を赦された権七

一方の加藤嘉明。真正直だが短絡的で周囲とぶつかってばかりいる家来に、河村《かわむら》権七《ごんしち》という者がいた。嘉明のお気に入りの家来の一人だったが、あるとき嘉明と些《さ》細《さい》なことが原因で喧嘩《けんか》し、自ら出奔《しゅっぽん》してしまう。その際、権七はこんな趣旨の手紙を嘉明に残していた。

「このたび止《や》むを得ずご当家を立ち退《の》きますが、これはけっして他家に仕官したいからではありません。ご当家に一大事があれば、どこにいてもきっと駆け付けるでありましょう」

権七は諸国を放浪し、やがて出羽《でわ》で修験者になったという。その後、大坂の陣が始まると、「戦《いくさ》が終われば、豊臣恩顧《おんこ》の大名（加藤嘉明や福島正則ら）は領地を没収されるだろう」という噂が飛び交《か》うようになり、権七はその噂を聞いて居ても立っても居られず、江戸にいる旧主嘉明のもとへ走った。

　かつての家来・権七が訪ねてきたというので、嘉明は大

松山城を築いた加藤嘉明の像（城山公園＝愛媛県松山市）

喜びし、さっそく権七を目通りさせた。主従は十四年ぶりの再会だった。

嘉明は、襤褸《ぼろ》を身にまとい、痩《や》せこけた権七の姿を前にすると、無言でポロポロと涙を流した。権七は権七で、なにかしゃべろうとするが、嗚咽《おえつ》が始まり、言葉にならない。そのうち嘉明が絞り出すように、一言。

「よくぞ戻って来た……」

この瞬間、主従の間にあった蟠《わだかま》りは氷解し、権七の帰参がかなった。

翌日、俸禄《ほうろく》が出ているというので、勘定方に出向くと、前に金銀が山のように積まれていた。「これは、どういうことでしょう」と権七が恐る恐る尋ねると、勘定奉行は「当家を離れていた十四年分の俸禄です」との返事。

✤蒐集品の皿を割られてしまい…

驚いた権七は、再び主君嘉明に面会を願い出ると、

「出奔していた分の俸禄を頂くのは筋が通りませぬ。どうぞご無用に願います」

そう申し出た。すると嘉明は笑いながら、

「お主は当家を出る際、今後、二君《じくん》には仕えず、と手紙に書き残したではないか。

だからわしは出奔している間も、お主を家来だと思っていた。それになにより、約束通り、当家の危機を知って遠国《おんごく》から駆け付けてくれたではないか。このことはお主自身、この十四年間、自分を加藤嘉明の家来だと思い続けていた証《あかし》ではないか。ゆえに俸禄は遠慮なく受け取ってよいのだ」

聞いている権七の目からまたも大粒の涙があふれ出たという。

こんな話もある。

嘉明という人は南蛮渡来《なんばんとらい》の焼き物の蒐集《しゅうしゅう》を趣味にしており、蒐集品のなかでは特に「虫喰南蛮《むしくい》」と名付けられた十枚組の小皿を愛玩していた。

ある日、屋敷に来客があり、その饗応《きょうおう》の準備に追われていたさなかに、近習の一人が虫喰南蛮の一枚をうっかり割ってしまった。その近習はお手討ちも覚悟し、嘉明に恐る恐る申し出ると、嘉明は意外な行動に出た。

なんと、近習を叱るどころか、残っていた九枚の皿を自分の手で悉《ことごと》く割ってしまったのだ。その理由を尋ねられ、嘉明は、

「十枚組の皿で一枚足りないと、この皿を箱から出すたびに、誰それが粗相《そそう》して割ったのだと言われ続けることになる。それではその者がかわいそうだ。だから、全

部割って、最初から何も無かったことにしたのだ」と答えた。

先の蒲生氏郷の話といい、この加藤嘉明の話といい、少し出来過ぎの気もするが、家来にとってはこれ以上ない家来思いの主君だったことは間違いないようだ。

松永久秀が爆死の道連れにした茶釜「古天明平蜘蛛」の足跡

✤天下を騒がせた三つの悪事

親が子を食《は》み、子が親を蹴落とす戦国乱世にあって、己の才覚一つで下剋上《げこくじょう》を成し遂げた武将がいた。あの織田信長に「人がやれぬことを三つもやった男」と言わしめ、思うがままに六十八年の人生を駆け抜けたその武将とは、乱世の梟雄《きょうゆう》（残忍で猛々《たけだけ》しい人の意）・松永弾正久秀《まつながだんじょうひさひで》である。

久秀の人物像を語るとき、きまって引用されるのが、次の逸話だ。

信長が、安土城《あづちじょう》にたまたま久秀と一緒にいたところ、そこへ徳川家康《とくがわいえやす》がやって来

織田信長も恐れた松永久秀

た。信長は久秀と家康が初対面であることを知ると、笑いながら久秀のことを家康にこう言って紹介した。

「ここにいる松永弾正は、常人ではとてもできない悪事を三つもやった、実に大した男である。まことにもって油断のならぬ老人でござるよ」

その常人ではとてもできない三つの悪事として信長が並べ立てたのが、主人である三好長慶《みよしながよし》への裏切り、十三代足利《あしかが》将軍義輝《よしてる》の暗殺、奈良東大寺大仏殿の焼き討ち——であった。

そんな天下を騒がす大事件を三つも起こしていた久秀だったが、実は信長とはその人生において共通点が多いことがわかっている。趣味嗜好《しこう》も似通っており、例えば、二人とも城普請《しろぶしん》を好んだ。

✤二人はともに蒐集癖の持ち主

久秀が大和国《やまと》（奈良県）支配の拠点として築いた多聞山城《たもんやま》（現在の奈良市法蓮町）は近世城郭《じょうかく》の先駆けとされており、高層建築の天守閣を備えた城の嚆矢《こうし》という。

また、城郭内に防御や物見、物置のために建てられた石塁《せきるい》上の長屋のことを多聞《たもん》

信貴山城跡から出土したとされている「平蜘蛛釜」（浜名湖舘山寺美術博物館所蔵）。これが久秀の愛蔵した茶釜と同一かは不明。

櫓《やぐら》と呼ぶが、それもこの多聞山城が最初だ。信長は安土城を築く際、こうした久秀の築城技術を随分と参考にしたという。

二人は茶道も好んだ。特に久秀は千利休《せんのりきゅう》の師にあたる武野《たけの》紹鴎《じょうおう》に師事していたほど。一説には、今日に伝わる茶道流派の三千家（表千家・裏千家・武者小路千家）の祖、千宗《せんのそう》旦《たん》の父親である千少庵《せんのしょうあん》（千利休の養子）の実父は松永久秀であると言われている。

二人はまた、刀剣や茶器を蒐集《しゅうしゅう》することにも異常なほど熱心で、久秀は存命中、信長に負けず劣らず天下の名物と称された刀剣や茶器を数多く所有していた。

それらのほとんどは久秀の存命中や死後に信長の手元に渡っている。しかし、その中にあって一つだけ、信長が喉から手が出るほど欲しがったものの、それがついにかなわなかった茶器があった。「古天明平蜘蛛《こてんみょうひらぐも》」と名付けられた茶釜がそれである。たかが茶釜一つに、信長も久秀もなぜこれほど血道を上げたのであろうか。

✤三好長慶の懐刀として暗躍

松永久秀の前半生は謎に満ちている。永正《えいしょう》七年（一五一〇）の生まれとされるが、確証があるわけではない。出身地も四国阿波《あわ》（徳島県）説、京都・西ヶ岡（現西京区）説などがあり、はっきりしていない。

二十代前半で、室町幕府の摂津《せっつ》（現在の大阪府北部および兵庫県南東部）国守護代・三好長慶に祐筆《ゆうひつ》（秘書）として採用されている。筆が立って金勘定も得意だった久秀は長慶から何かと頼りにされたらしい。天文《てんぶん》九年（一五四〇）というから、久秀が数え三十一歳のとき、長慶が出した手紙の中に久秀の名前が認められ、これが久秀の名が史料に登場する初見という。

その後、京都を掌握して畿内《きない》随一の実力者となった長慶は、管領《かんれい》（将軍の補佐役）細川晴元《ほそかわはるもと》や将軍足利義晴《よしはる》（十二代）・義輝（十三代）父子《おやこ》を京都から追放し、自分の意のままになる傀儡《かいらい》（操り人形）として細川氏綱《うじつな》を管領の座に就《つ》かせて三好政権を樹立《じゅりつ》する。まさに、わが世の春が訪れたのである。

この間、おそらく久秀は長慶の懐刀《ふところがたな》として暗躍したに違いない。久秀にとっては、なによりも自分の目の前で下剋上の見本を見せられたことが、その後の人生に大きなプラス材料となった。

それからの久秀は京都所司代（行政機関）や貿易港・堺の代官を経て、長慶から大和一国の支配を任せられる。その三年後だった、長慶の一人息子・義興《よしおき》が二十二歳の若さで急死してしまう。人々は、久秀が義興の食事に毒を盛ったと噂しあったが、真相は藪《やぶ》の中だった。

長慶は愛息の死がよほどこたえたとみえて、すぐに精神に異常をきたしてしまう。病気も併発し、義興の死の翌年（永禄《えいろく》七年＝一五六四）の七月に亡くなった。まだ四十代半ばの働き盛りだった。信長より一足早く畿内を統一した下剋上の先駆けとしては、まことにあっけない死に様だった。

✤大仏の首も焼け落ちる

主君長慶が没すると、久秀は三好三人衆（三好長逸《ながやす》、三好宗渭《そうい》、岩成友通《いわなりともみち》）らと力を合わせ、長慶の甥《おい》・三好義継《よしつぐ》を擁立して三好家を支えた。

永禄八年五月、久秀の息子久通《ひさみち》と三好三人衆が軍勢を率いて、室町御所にいた足利義輝を弑逆《しいぎゃく》する（「永禄の変」）。その後、三好三人衆は十一代将軍義澄《よしずみ》の孫義栄《よしひで》を担《かつ》ぎ出し、十四代将軍の座に据えたが、やがて畿内の主導権をめぐって久秀と対立を深めていく。

そんな三好三人衆に接近してきた人物がいた。久秀によって大和を追放された筒《つつ》井順慶《いじゅんけい》である。こうして三好＋筒井連合軍との決戦が避けられないものとなった久秀は、永禄十年四月、連合軍が陣取った奈良東大寺を急襲し、これを敗走させた。

この「東大寺大仏殿の戦い」では、大仏殿が全焼し、大仏の首も焼け落ちた。戦いに敗れた三好＋筒井連合軍は腹いせから、「松永弾正め、いまに仏罰が当たるぞ」と騒ぎ立てたが、久秀は「木造の建物なら燃えても何の不思議があろう。第一、この世に仏罰などあろうものか」とうそぶいたという。

こうして畿内の覇権《はけん》をこの手でつかんだと喜んだのもつかの間、久秀の前に新たに強大な敵が登場する。織田信長である。永禄十一年九月、信長が足利義昭《よしあき》（十五代将軍）を奉じて六万の大軍で上洛《じょうらく》してくると、久秀はいち早く降伏を表明し、その証《あかし》として名物茶器「九十九髪茄子《つくもなす》」と名刀「薬研藤四郎《やげんとうしろう》（別名・薬研通吉光《やげんどおしよしみつ》）」、同じく「不動国行《ふどうくにゆき》」を信長に差し出した。

「九十九髪茄子」は、もともとは足利義満《よしみつ》（三代将軍）所有の唐物《からもの》茶入で、それを久秀は千貫文という大金をはたいて手に入れたのである。「薬研藤四郎」と「不動国行」は足利義輝を殺したときに久秀が奪ったものだった。

信長に服属した久秀は、表向きは忠実な同盟者として信長の指揮下で働いた。元《げん》亀《き》元年（一五七〇）に信長が起こした越前《えちぜん》（福井県）の朝倉義景《あさくらよしかげ》討伐では、北近江《きたおうみ》（湖北）の浅井長政《あざいながまさ》の謀叛《むほん》によって信長は越前からの撤退《てったい》を余儀なくされる。このとき信長の危機を救ったのが、久秀であった。

✤蜜月時代もあった久秀と信長

合戦でもっとも難しいのが、撤退戦だという。信長が南北から挟み撃ちを仕掛けられそうになったため、久秀は近江（滋賀県）の豪族朽木元綱《くつきもとつな》を説得して味方にし、信長を無事に京へ帰還させることに貢献している（「金ヶ崎の戦い」）。

久秀と信長にもこんな蜜月時代があったのだ。しかし、それも長続きしなかった。甲斐《かい》（山梨県）の虎・武田信玄《たけだしんげん》が軍勢を率いて上洛してくるという情報を得て、小躍りした久秀は元亀三年、三好三人衆と手を組んで信長に対し謀叛の旗をあげたのである。

ところが、頼みの綱の信玄は西上途中に病で急死する。しかも、久秀同様、信長に反旗を翻《ひるがえ》した足利義昭もあっさり降伏してしまう。ここに至り、梯子《はしご》を外された形となった久秀は、居城の多聞山城に籠《こも》ったが、そこを織田軍に攻められ、降伏。周囲は今度こそ久秀は殺されると予想したが、なぜか信長は助命した。その理由は判然としないが、三好氏を手なずけるうえで「まだまだ久秀はつかえる」と信長が冷静に判断したからだと言われている。

それともう一つ、隙《すき》を見せたら問答無用でこちらの喉笛に食らい付いてきそうな、このアクの強い老人が信長は大好きだったのだ。久秀のことを「常人ならとてもできない悪事を三つもやった男」と評しておきながら、自分自身、けっして久秀にひけをとらない「悪事」をこれまでたくさん行ってきたことを信長は自覚していた。

実弟信勝《のぶかつ》（信行《のぶゆき》とも）を殺し、足利義昭を利用し、室町幕府を滅ぼし、比叡山《ひえいざん》を焼き討ちし、数多《あまた》の一向宗徒《いっこうしゅうと》を虐殺《ぎゃくさつ》し……と、信長もこれまでに久秀と同じようなことをしてきたのである。これは二人に共通することだが、ほかの武将のように旧来の権威に無条件でひれ伏すような単細胞型人間ではなかった。二人は、たとえそれが神仏であろうと将軍家であろうと、自分の前に立ち塞《ふさ》がったものは容赦なく排除してここまでのし上がってきた革命家だったのである。

その意味で、二人は親近感という見えない絆《きずな》で結ばれており、それゆえ信長は久秀を赦《ゆる》したのだという。はたして真実は――。

✤信長の助命の誘いをはね付ける

久秀が信長に対し二度目の降伏をしてから五年たった天正《てんしょう》五年（一五七七）のことだった。久秀が信貴山《しぎさん》城（奈良県生駒《いこま》郡平群《へぐり》町）に籠り、再び信長に対し反抗の狼煙《のろし》をあげたのである。これは当時の信長が唯一恐れた越後《えちご》（新潟県）の龍・上《う》杉謙信《すぎけんしん》の上洛をアテにしての行動だった。

ところが、武田信玄のときと同様、上洛すると思われた上杉軍は加賀《かが》(石川県)で織田軍を撃破したものの、なぜかそのまま反転して越後へ帰ってしまったのである。こうして有力大名の力を借りて信長を滅ぼすという久秀の目論見《もくろみ》はまたも雲散《うんさん》霧消《むしょう》してしまった。

たちまち信貴山城に織田軍が殺到し、もはや落城は時間の問題となったころ、信長の使者が城内に入ってきた。使者は久秀がいる天守櫓までやって来ると久秀と面会し、信長から託《ことづか》った口上を述べた。

「貴殿が所蔵している古天明平蜘蛛の茶釜を差し出せば、助命も考えよう」

信長が欲しがったその茶釜――通称平蜘蛛は、茶人の間では天下の大名物として知られており、蜘蛛が地面に這《は》いつくばったような平べったい形をしていたことからその名が付いたという。産地は下野国《しもつけ》天明(天明は現在の栃木県佐野市の古い呼び名)で、ここは今日まで続く約一千年の歴史を持つ鋳物《いもの》生産地だ。なかでも桃山時代以前に製造されたものは古天明と呼ばれ、名品が多いという。

この信長の申し出に対し久秀は、薄ら笑いを浮かべながら、

「九十九髪茄子は惜しいことをしたので、せめて平蜘蛛だけでもあの世へ持ってい

くつもりじゃ。この平蜘蛛とわしの白髪首だけは信長公に渡したくないのじゃ」

そう言って久秀は織田の使者を追い返すと、平蜘蛛を粉々に叩き壊したのち、胸に抱いた火薬樽に火をつけた。それは、戦国期にも例がない壮絶な爆死だった。おそらく、乱世の梟雄と呼ばれた久秀にとって平蜘蛛とは己の矜持《プライド》そのものだったに違いない。

なお、のちに信貴山城跡から平蜘蛛は無事見つけ出され、信長の手に渡った、とする異説もある。それが今日、浜名湖舘山寺美術博物館が所蔵する茶釜だという。

秀次事件の犠牲者、駒姫の着物が語る悲劇の真相

✤御家の存亡をかけた戦略の一つ

戦国時代、権力者同士の間で政略結婚が頻繁《ひんぱん》に行われた。そもそもこの時代、政略結婚がなぜ行われたかといえば、その多くは、敵対する者同士が婚姻《こんいん》関係を結ぶ

ことで、それをもって同盟の証《あかし》とし、無用な争いを回避する狙いだった。あるいは、より力の強い者に服属する証として自分の娘を嫁《とつ》がせる例もあった。これは人質を差し出したのと同じことだった。このように、この時代の婚姻は、御家《おいえ》の存亡をかけた重要な戦略の一つでもあったわけである。

したがって、そんな政略結婚の犠牲となって、不幸な生涯を送った女性は星の数ほどもいた。有名なところでは、織田信長《おだのぶなが》の妹・お市《いち》の方の例がある。兄の命令で近江《おうみ》（滋賀県）の浅井長政《あざいながまさ》に嫁いだものの、やがて織田と浅井は対立し、「姉川の戦い」を経て、夫長政は信長によって滅ぼされてしまう。のちに織田家の重臣・柴《しば》田勝家《たかついえ》に嫁ぐが、その最期も不幸で、燃え盛る越前《えちぜん》（福井県）北ノ庄城において勝家と共に自害して果てたのはご存じのとおり。

出羽国《でわのくに》（山形・秋田両県）の大名・最上義光《もがみよしあき》の娘で東国一の美少女と称された駒《こま》姫《ひめ》の場合も、お市の方に劣らない不幸なものだった。一度は人もうらやむ玉の輿《こし》に乗りかけたものの、無実の罪によってわずか十五歳で花の命を散らした駒姫。一体、なぜそんなことになったのだろうか。今日、京都に残る駒姫愛用の着物に表装された彼女の辞世《じせい》を読み解きながら、そのあたりの謎に迫ってみよう。

✤掌中の珠として育てられる

駒姫は天正《てんしょう》九年（一五八一）、最上義光の次女として誕生した。義光は最上氏第十一代当主で、のちに出羽山形藩五十七万石の藩祖となった人物。同時代の伊達政宗《だてまさ》とは伯父《おじ》・甥《おい》の関係に当たり、義光の妹・義姫《よしひめ》が伊達輝宗《だててるむね》に嫁いで成した子が政宗《むね》である。

戦国時代の奥州の大名というと、どうしても伊達政宗の人気が高く、ドラマなどでも義光はその引き立て役に回ることが多い。ところが、実際の義光は智勇を兼ね備えた名将で、けっして政宗にヒケを取るものではなかった。

義光は「羽州の狐《うしゅうきつね》」、または「虎将《こしょう》」の異名を持ち、特に「戦わずして勝つ」という調略の名人だった。領民に対してもけっして無理な要求をせず、治水事業や新田開発、産業振興などに努め、名君と慕《した》われた。また、古典文学や美術品を愛し、連歌に親しむ文化人でもあったという。

そんな義光から掌中《しょうちゅう》の珠《たま》の如く大切に育てられた駒姫は、やがて成長すると美しい少女となり、その美貌は人々の評判となった。出羽に類《たぐい》まれな美少女がいるという噂を耳にし、「ぜひ側室に」と望んだのが、豊臣秀吉《とよとみひでよし》の後継者と目されていた秀《ひで》次《つぐ》であった。秀次は秀吉の姉とも（瑞竜院日秀《ずいりゅういんにっしゅう》）の子、つまり秀吉にとっては甥っ子に当たる人物だ。

駒姫を溺愛《できあい》していた義光は、それが駒姫にとって玉の輿になるのを百も承知で、秀次の申し出をやんわり拒絶する。

ところが、二度三度とそれが重なると、さすがに次の天下人となる男からの要求だけに、義光もついには折れ、「それでは娘が十五になったら、そちらに嫁がせましょう」と約束してしまう。

✤秀次は本当に謀叛を企んだ？

文禄《ぶんろく》二年（一五九三）八月、大坂城二の丸において淀《よど》殿が男児――のちの秀頼《ひでより》を出産する。このことが、秀次にとって悲劇の始まりだった。同四年六月末、秀次に謀叛《むほん》の噂が流れたため、激怒した秀吉は石田三成《いしだみつなり》らに真相の究明を命じ、秀次を高野山に押しこめてしまう。

その後、秀吉は三成の報告によって秀次の謀叛を確信するや、ただちに秀次を切腹させた（享年二十八）。それは事件が発覚してからわずか二十日間ほどしか経過していない七月十五日の出来事だった。

この通称「秀次事件」に関しては、後世、中国の毛利《もうり》と連携し本当に謀叛を企《たくら》んでいたから、殺生《せっしょう》（摂政）関白《かんぱく》と呼ばれるような異常な人格破綻者《はたんしゃ》だったから、秀吉がわが子秀頼かわいさで将来の邪魔になると考えたから――など諸説あがっているが、今もって真相は闇《やみ》のなかだ。

しかしながら、謀叛計画や、人格破綻者だったことを裏付ける確たる証拠が秀次の周辺からみつかっていないだけに、ここは秀頼に次の天下人の座を明け渡したかった秀吉の「自作自演劇」とみたほうがよいだろう。

秀次が高野山へ向かう直前、駒姫は京に入ったらしい。故郷出羽からの長旅の疲れを父義光がいる最上屋敷で癒《い》やしていたところに、秀次が謀叛の嫌疑をかけられ高野山へ送られたという報《しら》せが飛び込んでくる。

この先、秀吉は秀次にどんな裁定を下すのかと、義光と駒姫の親娘《おやこ》は気が気でない日々を過ごすが、やがて急使によって秀次が切腹したことを知らされる。しかも、その使者は親娘に対しさらに驚くべきことを告げたのである。

✤処刑は酸鼻を極める

それは、秀次の罪に連座し、秀次が寵愛《ちょうあい》した正室《せいしつ》や側室《そくしつ》、子らをすべて処刑するという厳しい通達で、駒姫も側室の一人とみなされ、その処刑リストに入っているというのだ。驚いた義光は、ただちに豊臣政権の上層部と掛け合うなど、駒姫の助命嘆願に奔走《ほんそう》する。

「娘はまだ秀次公の正式な側室になっておらず、それどころか秀次公の顔さえ知らない。このたびの御沙汰《ごさた》はあまりに理不尽。どうか娘の処刑を取り止めてほしい」

といった意味のことを義光は会う人ごとに語って駒姫の命乞いをしたり、ときには持仏堂《じぶつどう》に籠《こも》って弥陀《みだ》に救いを求めたりした。

しかし、その願いは結局実らなかった。それどころか、秀次の生前、秀次と親しく交際していた義光と伊達政宗の二人は、秀次の謀叛に加担したとの疑いをかけられ、謹慎を命じられる始末だった。この疑いはすぐに晴れて謹慎処分は解かれたのだが、溺愛する娘を無慈悲に殺され、義光の胸の内には秀吉と豊臣政権に対する怒りの焔《ほのお》がこの瞬間に燃え上がったことは想像に難くない。

駒姫らの処刑の様子だが、文字通り酸鼻《さんび》の極みであった。諸書によると、京の三条河原に二十間（約三十六メートル）四方の堀が設けられ、その周囲に竹矢来（竹の囲い）がめぐらされていた。堀の内には九尺（約二・七メートル）四方の塚が築かれ、その上に秀次の首が西向きに据えられていたという。

この当時、自害した者の首を斬り取り、人前に晒《さら》すという行為は極めて異例で、武士の情けも何もあったものではなかった。それだけ秀吉の怒りが根深かったことがうかがえよう。

こうして準備万端整ったところに、牛車《ぎっしゃ》に乗せられ、市中を引き回されてきた駒姫らが到着した。秀次の子五人（四男一女）のほか、女たちは継室《けいしつ》（後妻）の右大臣菊亭晴季《きくていはるすえ》の娘・一ノ台を筆頭に側室や侍女が三十四人、合計三十九人を数えた。

✤最期までおとなしやかに

実は、直前まで秀次の正室として若御前《わかごぜ》という女性がいた。この女性は、秀吉と徳川家康《とくがわいえやす》が争った小牧・長久手の戦いで戦死した池田恒興《いけだつねおき》の娘である。当時、池田氏は準豊臣一族とみなされており、若御前の兄池田輝政《てるまさ》の助命嘆願運動が奏功したこともあり、身内のなかで一人だけ助かったといういきさつがあった。

当日、検使として石田三成が出張ってきていた。その三成の下知《げち》により、処刑は正午ごろから始まった。まず、秀次の幼い子供たちを、泣き叫ぶ女どもの手から奪い取った髭面《ひげづら》の大男が、まるで犬の子でもなぶるように扱い、胸を突き刺したり首を打ち落としたりして遺体を大きな穴の中へ放り込んでいった。つづいて女たちの番である。絶世の美女と称された一ノ台の首がまっ先に落とされたのを皮切りに、まだ若い女たちが次々と斬首され、遺体は穴の中へと消えていった。

駒姫は一ノ台から数えて十一番目に処刑されたという。駒姫は土壇場《どたんば》につくと西方に向かって正座し、静かに胸前で手を合わせてその瞬間を待った。『出羽太平記《でわたいへいき》』には、「つぼめる花の如き姫君で、幼いけれども最期までおとなしやかであった」と述べられている。

こうして三十九人すべての処刑が終わったのは、午後四時ごろだった。あたりには血のにおいが濃厚にたちこめていた。見物にやってきた物見高い京童《きょうわらべ》は、凄惨《せいさん》な処刑の様子を目の当たりにし、さすがに顔色《がんしょく》を失い、「豊臣の世もそう長くないだろう」と噂しあったという。この出来事は、文禄四年八月二日のことで、「謀叛」発覚からまだ一カ月と少ししかたっていなかった。

駒姫が処刑された直後、刑場に一頭の早馬が駆け込んできたという話がある。さすがに駒姫をかわいそうだと思った淀殿が秀吉を動かし、駒姫を助命するために急使を向かわせたのだが、すんでのところで間に合わなかったのだという。しかし、これは駒姫の悲劇性を高めるための創作であろう。

✤石田三成にしっぺ返し

秀次事件から三年後の慶長《けいちょう》三年（一五九八）八月、秀吉が没した。その二年後には天下を二分する関ヶ原の戦いが起こる。最上義光は迷うことなく家康に味方した。駒姫の助命嘆願で各方面を奔走していたとき、家康は親身になって相談に乗ってくれ、秀吉に掛け合ったりもしてくれただけに、そのときの恩義に報《むく》いるのはこのときと即断したのだった。

関ヶ原の戦いが始まる直前、石田三成の挙兵を知った家康は上杉討伐《とうばつ》のための会津《あいづ》遠征を中断し、東海道を反転西上したが、その際、なぜ上杉景勝《かげかつ》はそれを追撃しなかったかと言えば、留守を最上軍に急襲されることを恐れたからだった。

その後の「東の関ヶ原」と呼ばれた長谷堂城《はせどうじょう》の戦いにおいても、義光は上杉の大軍を向こうに回して一歩も引かなかった。だからこそ家康は後方を気にすることなく関ヶ原一本に集中できたのである。

その意味では、義光がこの関ヶ原で果たした役割は大きいものがあると言わざるを得ない。石田三成にすれば、無実の罪で駒姫を殺したばかりに羽州の狐の怒りを買い、とんだしっぺ返しを食らったことになる。

愛娘《まなむすめ》・駒姫の死を知ったとき、「わしが前世に何か罪を犯し、その報いを今こうやって受けているのか」と、一人の父親に戻って血の涙を流した義光だったが、この関ヶ原の戦いで東軍が勝利し石田三成が処刑されたことで、その怒りも少しは収まったに違いない。

最後に、悲劇の美少女・駒姫の辞世とされる和歌が今日に伝わっているので、それを紹介しておこう。

❖弥陀の剣に導かれて

その和歌が書かれた懐紙《かいし》には、「罪のない身でありながら、世間から疑いをかけられて皆とともに冥土《めいど》へ行きます」と、ことわり書きをしたためたあと、

罪をきる弥陀の剣《つるぎ》にかかる身の　なにか五つのさわりあるべき

（罪を着せられ、弥陀の慈悲の剣に導かれるこの身に極楽往生を妨《さまた》げる五《ご》障《しょう》の罪があるでしょうか。きっと極楽浄土に行かれることでしょう）

という歌がしたためられていた。五障とは、女性は修業しても仏にはなれない、など女性が本来持っているとされる五種類の障害を指す仏教用語だ。のちにこの懐紙は駒姫愛用の着物に表装され、ほかの刑死者のものと一緒に今日、京都国立博物館に保存されている。これには複製品もあり、秀次とその一族の菩提《ぼだい》を弔《とむら》うために建立《こんりゅう》された京都市・瑞泉寺《ずいせんじ》と山形市・最上義光歴史館でも見ることができる。

最上家の行く末を案じつつ、わずか十五歳で浄土へと旅立った駒姫。この和歌と着物は、政略結婚の果てに悲劇的な結末を迎えた少女が戦国期にいたことを後世に永く伝えていくことだろう。

関ヶ原後、敗者の三成に黒田長政が着せた陣羽織の理由をたどる

✤自己アピールの重要品

陣羽織《じんばおり》は元来、武将が戦場で鎧《よろい》の上に羽織る雨具として登場した。最初はごく簡素なもので、柿渋や油を染み込ませただけの紙製の衣服（紙衣《かみこ》）だったが、戦国時代に入ると、陣羽織は死に装束としても使われるようになったことから、武将たちはそれぞれ自分の個性や信条をそこに反映しようとし、どんどん奇抜でファッショナブルなものに様変わりしていった。

特に、名の通った武将ほど南蛮《なんばん》貿易で入手した外国製の珍しい生地を利用して仕立てた陣羽織を愛用した。羊の毛を織った羅紗《らしゃ》、光沢のあるビロード、インド更紗《さらさ》、ペルシア絨毯《じゅうたん》……など。また、装飾として孔雀《くじゃく》の羽や山鳥の羽毛をあしらったり、切付《きりつけ》（アップリケ）や切嵌《きりばめ》（一部分を切り取り、そこに別の生地を嵌《は》める技法）を多用したりする例も珍しくなかった。

そんな武将たちの自己アピールの重要なアイテムの一つだった陣羽織をめぐる逸話を二つほど紹介してみよう。

✤脚本があった狸と狐の化かし合い

戦国武将の陣羽織といえば、豊臣秀吉《とよとみひでよし》が徳川家康《とくがわいえやす》に手ずから与えた陣羽織をまず思い浮かべる人も多いだろう。

小牧《こまき》・長久手《ながくて》の戦いで家康に敗北したものの、老獪《ろうかい》な政治力によって天下をほぼ手中にした秀吉。関白の地位を得、位人臣《くらいじんしん》を極めた大坂城の秀吉のもとには臣下の礼を取るため全国から有力武将が続々と集まってきた。

ところが、秀吉の再三にわたる要請にもかかわらず、家康だけがやって来ない。苛立《いらだ》つ秀吉。最大の好敵手《ライバル》である家康が、諸将が居並ぶ満座の中で自分に頭を下げて臣従《しんじゅう》を誓わない限り、真の意味で天下人となったことにはならないと秀吉は考えていたからだ。

そんな頑固一徹な家康も、秀吉が実の妹どころか実母まで人質として家康に差し出してくるにおよんで、さすがに折れた。

そして、あしたがいよいよ大坂城での対面となったとき、夜中になり滞在していた豊臣秀長《ひでなが》（秀吉の弟）の屋敷に秀吉本人が密《ひそ》かに訪ねてきたから、家康は驚いた。秀吉は家康を相手に二人だけで何やら打ち合わせをすませると、何事もなかったように再びひょこひょこと忍び足で帰って行ったという。

翌日、家康がやって来るというので、大坂城の大広間には全国各地の諸将がずらりと居流れていた。上座にはもちろん秀吉が悠然と座っていた。そこへ下座のほうから家康が慇懃《いんぎん》な態度で秀吉の前に進み出て深く一礼すると、関白太政《だじょう》大臣に叙《じょ》されたことを賀《が》し、あわせて末代までの臣従を誓った。

❖陣羽織と天下を引き換えに

さらに家康は、秀吉の陣羽織を所望した。「陣羽織など、どうするのじゃ？」と、けげんそうな秀吉だが、家康はいたって真面目な顔つきで、こう述べた。

「今後はこの家康が関白さまに成り代わって戦《いくさ》を采配《さいはい》いたします。ゆえに関白さまにはもはや戦場にお出ましいただく必要がなくなりましたので……」

秀吉は思わず小膝を叩くと、

「うむ。よくぞ申された三河どの」

そういって、呵呵《かか》と大笑したという。

まさに、前夜の打ち合わせ通り――秀吉が懇願《こんがん》した通りの臭い台詞《せりふ》を家康は満座の中で堂々と口にしたのである。同座した諸将は「おそらく秀吉の入れ知恵だろう」と見抜きながらも、いかにも感に堪えぬという表情で深くうなずくのであった。

こうして秀吉は一枚の陣羽織を手放すことで、その手に天下の権をしっかりと掴《つか》み取ったのであった。

このとき家康に手渡された陣羽織は現存こそ確認されていないが、サファヴィー朝ペルシア帝国の宮廷工房で作られた高級絨毯を裁断して陣羽織に仕立てたもので、金糸・銀糸がふんだんに使われ、たいへんきらびやかなものだったという。秀吉の菩提《ぼだい》を弔《とむら》う京都・東山の高台寺《こうだいじ》に行けば同様の陣羽織を見ることができる。

さて、陣羽織をめぐる戦国武将の逸話をもうひとつ。黒田長政《くろだながまさ》の「情けの陣羽織」の話をご存じだろうか。

慶長《けいちょう》五年（一六〇〇）九月十五日、天下分け目の関ヶ原の戦いで石田三成《いしだみつなり》に勝利した徳川家康。家康は敗軍の将として捕らえた三成をすぐに処刑するようなことはせず、いったん身柄を近江国《おうみのくに》大津城まで護送し、城門前で晒《さら》し者にした。ほんの数日前まで豊臣政権の中枢《ちゅうすう》を担っていた男のこの上ない悲惨な末路だった。

✤赤面して退き下る小早川秀秋

その後三成の身柄は大坂へと護送され、九月二十八日には三成と一緒に戦った小《こ》西行長《にしゆきなが》や安国寺恵瓊《あんこくじえけい》らと共に天下の大罪人として大坂・堺の町中を引き回されたのち、十月一日、京都・六条河原で斬首された。享年四十一。

三成が大津城の門外で晒されたとき、三成を知る様々な武将がその前を通り過ぎて行った。

まず、福島正則《ふくしままさのり》。秀吉には子供のころに引き取られ、わが子同様に養育され、やがて大名にまで取り立ててもらったが、関ヶ原ではただただ三成憎しの感情から家康方についた武将だ。その正則が三成の前まで進み、馬上からこう吐き捨てた。

「愚か者よ。身の程を知ったか。無用の乱を起こした挙句《あげく》が、そのざまか」

すると三成は、ゆっくり面《おもて》を上げ、正則をきっと睨《にら》み付けながら、

「わが武運拙《つたな》く、汝《なんじ》を生け捕りにできなかったことが返す返すも残念じゃ。この次

第を泉下《せんか》の太閤殿下《たいこうでんか》（秀吉のこと）にご報告するゆえ、覚悟しておけ」

そう言われて、さすがの荒武将もその場をすごすごと立ち去ったという。

次に、西軍の敗北を決定づけた小早川秀秋《こばやかわひであき》が目の前にやって来た。三成から、

「汝が二心あることに気付かなかったのは、わしが愚かだったからだが、約束を破って義を棄《す》てるとは、武将として恥じる気持ちはないのか」

そう核心を衝《つ》かれ、秀秋もまた赤面しながら退《ひ》き下ったという。

最後に現れたのが、黒田長政である。ご存じ、秀吉の参謀として名をとどろかせた黒田官兵衛（孝高《よしたか》・如水《じょすい》）の嫡男《ちゃくなん》にして、のちの筑前《ちくぜん》福岡藩初代藩主である。父官兵衛ゆずりの調略家で、関ヶ原では福島正則や加藤清正《かとうきよまさ》らを家康の東軍に抱き込み、西軍の小早川秀秋を寝返らせる工作にも動いた人物だ。関ヶ原後、家康から「第一の功労者」として御感状を頂戴しているほどである。

✤長政の武人としての義侠心

長政は、三成の数メートル手前で下馬して歩み寄ると、

「勝敗は兵家《へいか》の常とはいえ、五奉行筆頭の貴殿がこのような境遇になろうとは……。

さぞやご無念でござろう」

そうしみじみと語りかけながら、それまで自分が着ていた陣羽織を脱ぐと、三成の汗と泥で汚れた着物の上から、そっと着せかけたという。

近寄ってきたら、恨《うら》み言の一つも言ってやろうと待ち構えていた三成も、これには心底驚き、思わず落涙したという。もしも敗軍の将に情けをかけたことが家康の耳に伝われば、長政にお咎《とが》めが及ぶ可能性は十分考えられただけに、それを百も承知で陣羽織を着せてくれたことが、三成にはたまらなくうれしかったのだ。

もともと武断派に属する長政は、文治派を代表する三成とはソリが合わなかった。だからこそ長政は、関ヶ原では家康に加担したのだ。ところが、西軍の大将にまでなった男が、薄汚れた着物を着て捕縛された惨《みじ》めな姿で晒し者になっているのを目の当たりにして、武人としての義侠心に衝き動かされたのであった。

長政自身、こうした行動をとった背景には、実はもう一つ理由があった。長政は三成に対し昔からある恩義を感じていたのだ。

そのあたりのいきさつは、別の項でも述べたのでかいつまんで語ると、黒田官兵衛が謀叛を起こしたと早合点した信長が、怒りにまかせて当時十一歳だった官兵衛の子の松寿丸《しょうじゅまる》（のちの長政）を処刑するよう、秀吉に命じた。

✤石田三成は命の恩人

秀吉は配下の竹中半兵衛を呼び寄せると、

「おぬしは官兵衛とは仲がよかったはずだ。おぬしの手で松寿丸を介錯《かいしゃく》してやることが、友としての情けであろう」

そう言って、松寿丸の処刑を半兵衛に一任した。

翌日、秀吉のもとに松寿丸の首がもたらされた。実は、その首が別人の少年のものであると知りつつ、秀吉に取り次いだ人物こそ、石田三成であった。三成は半兵衛同様、官兵衛が裏切りを働く人物とはとても思えなかったのだ。

こうして松寿丸は、竹中半兵衛と石田三成という秀吉麾下《きか》の二人の機転によって命を永らえることができたのである。そのことを後年になって長政は知ったのだという。いわば、長政にとって石田三成は命の恩人の一人だったのである。

長政は成人になってからは、はからずも三成とはソリが合わなかったが、少年時代に受けた恩義をいずれは何かの形で返したいと心のうちで念じ続けていたのである。その機会が最後の最後になって回ってきた。それがこの「情けの陣羽織」だったという次第。

方広寺の梵鐘が引き金となった大坂の陣と豊臣秀頼の悲運

✤火の無いところに煙を立てる

徳川《とくがわ》と豊臣《とよとみ》の最終決戦、大坂の陣は慶長《けいちょう》十九年（一六一四）十一月の冬の陣、翌年五月の夏の陣と二度行われているのはご存じのとおり。

徳川家康《いえやす》は、慶長五年の関ヶ原の戦いで石田三成《いしだみつなり》らの西軍に勝利し、それまで全国に二百二十万石あった豊臣家の所領をわずか六十五万石にまで削減することに成功するが、その後も秀吉《ひでよし》の遺児豊臣秀頼《ひでより》は健在で、母の淀《よど》殿と共に大坂城の奥深くに籠《こも》り続けていた。

家康にすれば、徳川に楯突《たてつ》く不満分子が続々と大坂城に集まっていただけに、一日も早く秀頼を亡き者にする必要があった。家康は関ヶ原から五年後には将軍職を息子の秀忠《ひでただ》に譲っており、誕生したばかりの徳川政権を盤石なものとするには、自分の目が黒いうちに秀頼をこの地上から抹殺することが焦眉《しょうび》の急だったのである。

秀頼を抹殺するにはやはり合戦を仕掛ける一手だったが、戦《いくさ》を仕掛ける大義名分がまったく見当たらないのだ。不本意ながらも一度は秀吉に臣従《しんじゅう》した家康だけに、大義名分もなしにその息子に戦を仕掛けるのは下剋上《げこくじょう》に等しいものがあった。それで戦に勝ったとしても新政権が天下万民の支持を得られないことは火を見るより明らかだった。

「はてさて、どうしたものか……」

思案投げ首でいると、願ってもない大義名分が豊臣方からころがりこんできた。のちに「方広寺《ほうこうじ》鐘銘《しょうめい》事件」と呼ばれることになる事件がそれである。

本項ではこの事件のあらましについて語ってみたい。

家康が方広寺の再建を支援

京都・東山の方広寺は、松永久秀《まつながひさひで》の焼き討ちによって破損した東大寺大仏にかわる日本一大きな大仏を造立《ぞうりゅう》しようと、豊臣秀吉の発願《ほつがん》によって創建された寺である。いかにも派手好きな秀吉らしい壮図《そうと》であった。

このとき造立された坐像大仏（木製）は東大寺のそれより大きい六丈三尺（約十九メートル）もあった。ところが、いざ開眼《かいげん》の儀式を目前にして、折からの大地震（「慶長《けいちょう》伏見地震」＝一五九六年）によって倒壊してしまう。

二年後の八月に秀吉が亡くなると、後継者となった秀頼は方広寺大仏の復興をはかる。今度は東大寺大仏同様、銅を流し込んで造ろうとしたが、製造途中に火災が起き、大仏殿もろとも焼失してしまう。慶長七年（一六〇二）のことだった。

「どこまで運に見放されているのか……」

と大いに落胆した秀頼と淀殿だったが、そこに救いの手を差し伸べたのが、ほかならぬ家康だった。故太閤《たいこう》の供養になるからと秀頼母子《おやこ》に寺の再建を勧め、諸大名にもその支援を命じたのである。

通説では、家康が豊臣家の財力を少しでも削《そ》ぐために寺の再建を勧めたとされているが、諸大名に支援を命じていることを考えれば、その説は正しくないだろう。まだこの時点では家康と秀頼母子との関係は良好だったのである。

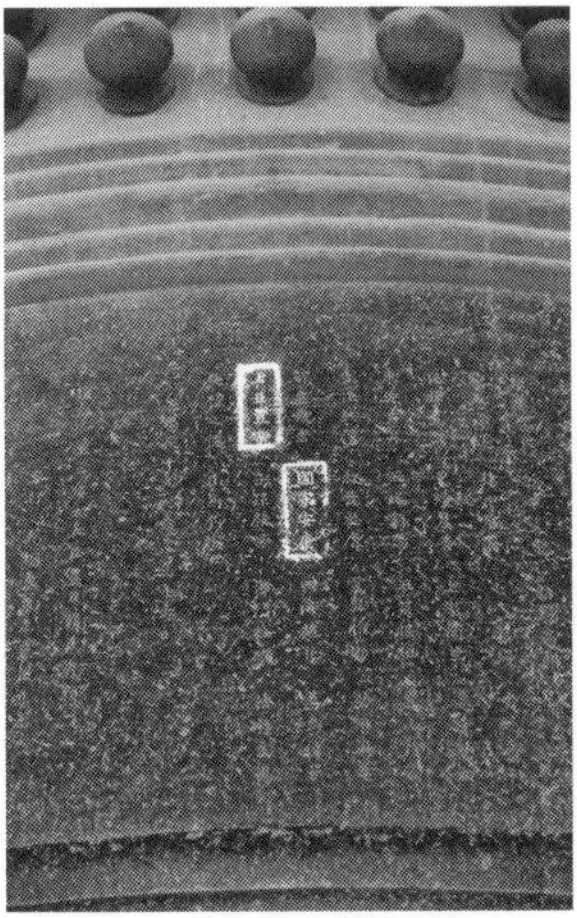
国家安康、君臣豊楽の文字

方広寺（京都市）にある巨大な梵鐘

　ところが家康は、ある出来事によって、秀頼を一日でも早く葬《ほうむ》り去る必要があると考えるようになる。それまでの家康は、豊臣家を一大名として扱い、この先徳川政権下で存続させることを考えないわけではなかったが、その出来事によって、態度をガラリと改めてしまうのである。それこそが、京都・二条城における秀頼との対面だった。

✤開眼供養の直前にクレームを

　慶長十六年（一六一一）三月二十八日、家康は秀吉の遺児秀頼と二条城において対面を果たす。このとき秀頼は十九歳の若者だった。一説に、秀頼は身長二メートルに迫り、体重も四十三貫（約百六十キログラム）あったという。現代の大相撲でも図抜けた巨漢力士の部類に入るだろう。

しかもその巨体から、天下人となる資格を持つ者だけが自然に身にまとう侵《おか》しがたい威厳を漂わせており、さすがの古狸《ふるだぬき》家康も気圧《けお》されてしまう。そして、このとき家康は、はっきりと秀頼の抹殺を胸に誓ったのだという。

それから三年後の慶長十九年に入ると、いよいよ方広寺・大仏堂が落成し、あとは八月三日の開眼供養の日を待つばかりとなった。そんなある日、突如、開眼供養の延期要請が、家康から豊臣方に通達される。

この方広寺造営のために巨大な梵鐘《ぼんしょう》（高さ四・二メートル、外径二・八メートル、重量八十二・七トン）が新たに鋳造《ちゅうぞう》されたのだが、そこに刻まれた銘文が気に入らないというのが理由だった。その銘文は南禅寺の禅僧・文英清韓《ぶんえいせいかん》が考えた漢文で、家康はその中にあった「国家安康《こっかあんこう》」「君臣豊楽《くんしんほうらく》」という文言に噛み付いたのだ。

「国家安康とわざわざ家康の二字を分断したのは、わしを呪詛《じゅそ》する証拠。君臣豊楽は、徳川を滅ぼし豊臣の天下を願うものである」

というのが家康の言い分だった。まさに、言いがかり以外のなにものでもなかった。これは家康の懐刀である、天台宗の高僧・南光坊天海《なんこうぼうてんかい》の入れ知恵だったと言われている。

こうして家康ははからずも、豊臣秀頼を滅ぼす大義名分を手に入れたのだった。

✤たんに文英清韓の不注意だった？

この家康の言いがかりに対し、文英清韓は、

「徳川家康公の諱《いみな》（この場合は「家康」をさす）を漢詩や和歌に用いる隠し題のようにして織り込んだもので、祝慶の意味をこめて作った文章である。呪詛する気持ちは毛頭ない」

と弁明したが、家康は聞かなかった。この時代、第三者が貴人の諱を口にすることははばかられており、それが許されるのは身分が高位な者か親兄弟に限られた。それを堂々と一般大衆も目にする梵鐘に刻んだのである。しかも、「君臣豊楽」のほうには「秀吉」や「秀頼」の諱が避けられていることから、意図的に家康の二文字を用いたとみなされたのである。

こう言われては、文英清韓に返す言葉はなかった。

この事件が引き金となり、待っていましたとばかりにその年の十一月、家康は大坂冬の陣を起こすのだった。

おそらくはこの銘文に徳川家と家康を呪詛する意図はなく、たんに文英清韓の不注意だったのだろう。当然、家康もそのことをわかっていて言いがかりをつけたのである。本当に自分を呪詛する文字だと思い腹を立てたのなら、すぐにその文字を削り取らせたはずである。しかし、家康はそれをしなかった。大坂の陣が終わった後でさえ、それをしなかったのである。

今日、われわれが京都の方広寺を訪ねれば、この一大合戦の引き金となった梵鐘の実物と、そこに刻まれた「国家安康」「君臣豊楽」の文字を目にすることができる。その文字を前にして、あなたはどんな感慨を持つだろうか。

第四章 ❖ 激動の時代の立役者たち

大槍「蜻蛉切」と鹿の兜に隠された本多忠勝の強さの秘密

✤戦国期を代表する智勇兼備の武将

本多平八郎忠勝《ほんだへいはちろうただかつ》は、徳川家康《とくがわいえやす》の天下取りを支えた徳川四天王の一人（ほかに榊原《さかきばら》康政《やすまさ》、井伊直政《いいなおまさ》、酒井忠次《さかいただつぐ》）。幼いころから六つ年上の家康に仕《つか》え、十三歳で桶狭《おけはざ》間《ま》の戦いの前哨戦《ぜんしょうせん》（「大高城兵糧《ひょうろう》入れ」）で初陣《ういじん》したのを振り出しに、天下分け目の関ヶ原の戦いまで戦場に出ること生涯に五十数回、つねに先陣を切って勇敢に戦いながら一度たりともその身にかすり傷一つ負わなかったという、稀有《けう》な武将だ。

忠勝という人は単に猪《いのしし》武者だったわけではなく、戦略や戦術を練ることにも長《た》けていた。例えば、五十三歳で臨《のぞ》んだ関ヶ原の戦いでは、敵方（西軍）の諸大名に書状を送り、味方（東軍）に寝返らせる工作にもあたっている。まさに忠勝こそは戦国期を代表する智勇兼備の武将の一人と言えるだろう。

それでいて忠勝は主君家康への忠義に厚い武将でもあった。つねに家康の側近く

鹿の角を模した脇立付き兜を着用した本多忠勝

に侍《はべ》り、逆に年下の弟に接するようにどんなときでも家康を励まし続けた。この忠勝の励ましがなければ、のちの家康はなかったと言われている。

✤家康に過ぎたるものが二つあり

例えば、こんなことがあった。本能寺の変が起きたとき、家康は忠勝ら少数の家臣だけを連れ、堺見物の最中だった。「明智日向守《あけちひゅうがのかみ》（光秀《みつひで》）、ご謀叛《むほん》」の報に接し、われを忘れて取り乱した家康は「追っつけ、日向守の手の者が襲って来よう。ここは近くの寺にでも籠《こも》って、皆で潔く腹を切ろうではないか」と言い出す始末だった。

これを押し止めたのが忠勝で、自暴自棄《じぼうじき》になりかけた家康をどうにかなだめすかし、逃走ルートとして「伊賀越え」を進言した。こうして家康は生涯最大と言われた危難をなんとか乗り切ることができた。のちに家康は「あのとき命が助かったのは、ひとえに忠勝の働きである」と正直に吐露《とろ》している。

そんな忠勝は織田信長《おだのぶなが》から「花も実もある勇士」「日本の張飛《ちょうひ》（『三国志』に登場する豪傑）」と称えられ、豊臣秀吉《とよとみひでよし》からも「日本第一、古今独歩の勇士」と持ち上げられている。戦国の三英傑からこれほど手放しで称賛された武将も本多忠勝くらいであろう。

忠勝は味方だけでなく敵方からも称賛されている。徳川軍と武田信玄《たけだしんげん》軍とが三方《みかた》ヶ原で戦った際、敗走する家康を無事浜松城へ逃がすため殿《しんがり》で鬼神もかくやと思わせる働きを見せた忠勝に対し、のちに武田の陣中では、

「家康に過ぎたるものが二つあり、唐《から》の頭《かしら》に本多平八」

と忠勝をほめそやし、敵ながらも惜しみない賛辞を贈ったという。ちなみに唐の頭とは、中央亜細亜《あじあ》のヤク（ウシ科）の毛とされ、兜《かぶと》の飾りに用いられた。舶来品なので非常に高価だったが、三河《みかわ》武士にはこの飾りを付ける者が多かったという。

このように戦場ではつねに摩利支天《まりしてん》（武士の守り本尊）の再来のような活躍を見せた忠勝。本項では、そんな忠勝が好んだ武器や甲冑《かっちゅう》について語ってみたい。忠勝の人となりがそこに色濃く反映されていると思うからだ。

✤六メートルを超える大槍を操る

本多忠勝を象徴する武器と言えば、愛槍《あいそう》「蜻蛉切《とんぼきり》」が有名だ。天下三名槍の一つとされ、戦場で抜き身で立てかけておいたところ、飛んできた蜻蛉が穂先に当たっ

て真っ二つになったという伝説を持つ槍だ。

　この蜻蛉切は現存しており、笹の形をした穂（刃）は一尺四寸（約四十二センチ）、穂と一体になった茎《なかご》と呼ばれる部分は一尺八寸（約五十五センチ）。この茎には「藤原正真作《ふじわらのまさざね》」の銘《めい》が刻まれている。忠勝にとっては地元三河の刀鍛冶で、村正の子、もしくは弟子とも伝わる人物だ。青貝の螺鈿《らでん》細工が施されていたとされる柄《つか》のほうは残念ながら伝わっていない。

　この槍、切れ味もさることながら、何と言ってもその柄の長大さに驚かされる。通常の長槍は一丈半（約四・五メートル）であるのに対し、蜻蛉切のそれはなんと二丈余（約六メートル）もあったという。常人であればその長さの竹の棒ですら扱いに困るはずだ。

　こんな長大な槍を戦場で軽々と操《あやつ》るくらいだから、忠勝という武将の膂力《りょりょく》がいかに凄《すご》かったかわかろうというもの。そのことを証明するこんな逸話がある。

　あるとき、騎馬で物見《ものみ》（敵情視察）に出かけた忠勝。途中、仲間の武士が乗っていた馬が何事かに驚いて暴れ出し、武士を振り落として駆け出していってしまった。忠勝は急いでその暴れ馬を追いかけ、どうにか追いつくと、並走しながら持ってい

た槍の柄を馬の手綱に絡《から》ませ、ぐいっとばかりに引き寄せて馬の動きを止めてしまった。一部始終を目撃した仲間たちは、忠勝の剛力ぶりに今更ながら驚いたという。

✤櫂で葦を切断する

さらに、こんな話もある。忠勝という人は、徳川対豊臣の最終決戦である大坂の陣が始まる四年前の慶長《けいちょう》十五年（一六一〇）に六十三歳で亡くなるのだが、最晩年に二男の忠朝《ただとも》と力比べをしたという話だ。

親子で小舟に乗っていて、葦《あし》原にさしかかったときだった。忠勝は笑いながら傍《かたわ》らにあった櫂《かい》を息子に手渡し、「これでそのあたりを思いっきり薙《な》いでみよ」と命じた。忠朝は不審に思いながらも、言われた通りその櫂で葦群《あしむら》を渾身《こんしん》の力で横に払うと、目の前の半径二メートルほどの葦がバサバサと折れて倒れた。

「まだまだじゃのう……」

忠勝は息子から櫂を受け取ると、素振りの一つもくれず、ブゥーンと横ざまに一閃《いっせん》。「あっ！」と瞠目《どうもく》する忠朝。なんと忠勝が薙ぎ払った葦群は、利鎌《とがま》にでも切られたように鮮やかな切り口を見せているではないか。老いてもなお衰えを見せない父親の神技を目の当たりにして、ただ驚き呆《あき》れるばかりの忠朝であった。

このような剛力の持ち主だったからこそ忠勝は、六メートルを超える大槍も軽々と操ることができたのである。

もうひとつ、戦場での忠勝を象徴する物に「鹿角脇立兜《かづのわきだてかぶと》」がある。文字通り、鹿の角を模した脇立が付いた、一度見たら忘れられない兜である。この脇立は和紙を貼り合わせ、黒漆《うるし》で塗り固めたものという。

忠勝がなぜこの脇立を採用したかというと、桶狭間の戦いのときのある出来事が起因している。今川義元《いまがわよしもと》が乱戦の中で敗死したため、忠勝は家康に随《したが》って三河に帰ろうとしたが、目の前の川が雨で増水し、主従は渡るに渡れず立ち往生してしまう。ぐずぐずしていると、織田勢に追撃される恐れがあった。

✤領民から名君と慕われる

そこへ一頭の牡鹿《おじか》が現れ、浅瀬に導いてくれたことから家康主従は無事に川を渡り、三河に戻ることができた。不思議なことに主従は川を渡りきった時点で気付くと、鹿は忽然《こつぜん》と姿を消していたという。このとき忠勝は「あれは神鹿《しんろく》。伊賀八幡宮《いがはちまんぐう》の使いに違いない」と考え、「わが命ある限り、あの鹿のように殿（家康）をお守りしていこう」と胸に誓った。その決意を端的に形であらわしたのが、この兜だったという次第。

この兜は見た目と違い思いのほか軽量だったという。このことからもわかるように、戦場に臨むときの忠勝のいでたちはごく軽装だった。動きやすさを重視したからだ。これが幸いしたのか、前述したように生涯に一度も手傷を負うことがなかった。一方、同じ四天王の一人の井伊直政などは重装備で知られていたが、たびたび負傷していたという。

戦場ではなによりも動きやすさを重視するという合理的な発想は、忠勝がそれだけ先入観にとらわれない柔軟な思考の持ち主だったという証拠だ。後年、さすがに体力の衰えを感じたのか忠勝は自慢の蜻蛉切の柄を三尺ほど切り落としたことがあった。人に理由を聞かれ「武器は自分に使いやすいよう変えるものじゃ」と語ったという。長年愛用した槍の柄ですら躊躇《ちゅうちょ》なく切り落とすところに忠勝の柔軟さをみてとることができる。

忠勝は関ヶ原での活躍が家康に評価され、伊勢国（三重県）桑名十万石を与えられる。初代桑名藩主として入府した忠勝は城下町の整備や治水事業などを積極的に推進し、領民からは名君と慕われたという。忠勝がただの猪《いのしし》武者でなかったことはこれによっても明らかだ。

忠勝は亡くなる数日前、小刀で自分の持ち物に名前を彫っていて、つい手元が狂い、手にかすり傷を負ってしまう。「本多忠勝も傷を負ったら終わりじゃ」と思わず呟《つぶや》き、自らの死期が近付いたことを悟ったという。

名刀「不動行光」が物語る信長の側近、森蘭丸の裏側

❖打てば響く有能な秘書

織田信長《おだのぶなが》が愛した刀に不動行光《ふどうゆきみつ》というのがある。別項でふれた「不動国行《くにゆき》」とよく混同されるが、作者は異なる。どちらも刀身に不動明王が浮き彫りされていることから、この名が付いた。

たまたま二振りとも信長の愛刀だったもので、刀身の長さからいって国行は脇差《わきざし》、行光は一尺未満の八寸四分（二十五・五センチ）なので短刀の部類に入る刀である。行光の作者は相州《そうしゅう》鎌倉の刀工、藤三郎《とうさぶろう》行光で、あの正宗《まさむね》の実父とも養父とも言われる人物である。

信長にとってこの行光も国行も愛してやまなかった刀であり、酔うとよく近侍《きんじ》の者に自慢をしたという。

ところが、そんな愛してやまなかった行光を、やがて近侍の一人に褒美《ほうび》としてあげてしまうことになる。もらったのは誰有ろう、信長お気に入りの小姓《こしょう》（現代の秘書に相当）、森蘭丸《もりらんまる》である。蘭丸といえば、父森可成《よしなり》、兄森長可《ながよし》ともに槍《やり》の名手であったが、彼自身は打てば響くような有能な秘書として信長に愛された。

そんな蘭丸に、信長の手から不動行光が与えられたいきさつがちょっと面白いので紹介してみよう。

✤爪のかけら一つも見逃さず

森蘭丸は、信長の家来の森可成の三男として永禄《えいろく》八年（一五六五）に誕生した。

信長に小姓として仕《つか》えたのは十三歳のときだった。以来、本能寺の変で信長と一緒に非業《ひごう》の死を遂げるまで足かけ五年間、主君信長に影のように仕えた。

あの気難し屋の信長の側近くに仕えるくらいだから、とにかく小姓としては申し分のない如才《じょさい》無さを発揮したようである。それを物語るこんな逸話がある。

ある日、信長は爪を切り、懐紙に丸めて小姓の一人に捨てに行かせようとした。するとその小姓は懐紙の中身を確かめようともせず、持って部屋を出ようとしたので、「ちょっと待て」と呼び止め、懐紙を戻させ、蘭丸を呼んでくるよう命じた。

蘭丸がやってくると信長は、さっきと同じように丸めた懐紙を手渡し、これを捨ててくるようにと言い付けた。すると蘭丸はうやうやしく受け取り、中を開くと、

「殿、かけらが一つ足りませぬ」

そう言って、信長の膝元に落ちていた爪のかけらを目ざとく見つけると、それを懐紙に入れ、お辞儀を一つしてその場を下がった。信長はその後ろ姿を見ながら、

「さすがにお蘭は、わしのことをよく見ている」

そう満足げにつぶやいたという。普段から蘭丸が、信長の爪を切るときの切り方や癖などをじっと観察していた証拠だった。

信長から不動行光を褒美としてもらったときも、蘭丸の観察力がモノをいった。その日も信長は、お気に入りの小姓を集め、所有する刀の自慢話に花を咲かせていたが、やがてそのとき腰に差していた行光の話になった。信長は戯《たわむ》れに行光を腰から鞘《さや》ごと抜き取り、小姓たちに見えないよう後ろに隠すと、

「鍔《つば》に描かれた菊の花の数を当ててみよ」

そう笑いながら言った。

✤信長の身の回りに絶えず目配り

小姓らは思い思いの数を言ったが、蘭丸だけが口をつぐんでいた。信長がなぜ黙っているのか問うと、蘭丸は、

「自分はすでにその数を知っているので、知らないふりをして正解を言うのは武士の道に反すると思いましたゆえ……」

と答えた。いつも信長の側近くに仕え、風呂や厠《かわや》に入ったときなどに行光を手元に預かる機会があり、そのとき何気なく鍔の絵柄を確認していたのだという。

この話、鍔の菊花ではなく、鞘の拵《こしらえ》の刻みの数を当てさせたという説もあるが、

いずれにしろ蘭丸が、信長の身の回りに絶えず目配りをしていたからこそ、こうした話が生まれたのであろう。

信長はこのときの蘭丸の正直さを是《ぜ》とし、蘭丸に不動行光を気前よく与えたという。蘭丸は拝領した行光を生涯手放さなかったが、本能寺の変で焼け身となり、その後、豊前《ぶぜん》小倉藩小笠原《おがさわら》家に伝来したという。

直江兼続が兜の前立にした「愛」が意味するものとは

✤兼続が好んだ「愛」の一字

それまで歴史ファン以外、知名度は低かったのに、NHK大河ドラマ（『天地人』＝二〇〇九年放送）を境に、一躍全国区となった直江兼続《なおえかねつぐ》。ご存じ、戦国の雄・上杉家の重臣で、謙信《けんしん》の跡を継いだ景勝《かげかつ》が片腕とも恃《たの》んだ人物である。

兼続が戦《いくさ》で着用した兜《かぶと》といえば、これまたよく知られた、前立《まえだて》に「愛」の一字を採用した兜である。この「愛」は現代のＬＯＶＥでないことはなんとなくおわかりだろうが、では本当の意味をご存じだろうか。

実は、兼続がそれについて書き残さなかったため、本当のところはよくわかっていないのだ。しかし、いくつかの傍証《ぼうしょう》から推《お》し量《はか》ることはできる。それによると、次の二説が有力だという。

✤普賢菩薩の前立も

一番目は「愛染明王説《あいぜんみょうおう》」。愛染明王とは「衆生《しゅじょう》の愛欲煩悩《ぼんのう》がそのまま悟りであることを表わす明王。全身赤色、三目六臂《さんもくろっぴ》で忿怒《ふんぬ》の相をなし、弓矢などを持つ――」（『広辞苑』第六版より抜粋）という仏で、弓矢を持つことから戦国武将には「軍神」として崇敬《すうけい》を集めた。つまり兼続は、この愛染明王の「愛」をとって前立にしたのだという。

二番目は「愛宕権現説《あたごごんげん》」。愛宕権現とは、仏教と日本古来の信仰が融合して生まれた神号で、本尊の「勝軍地蔵《しょうぐん》」は身に甲冑《かっちゅう》を着用し軍馬にまたがった姿をしているのが特徴。本来は「悪業煩悩《あくごうぼんのう》の軍に勝つ地蔵」ということになっているが、こちらも戦国武将には軍神として崇《あが》められた。兼続は、この愛宕権現から「愛」の一字をとったのだという。

愛染明王説をとる人は、毘沙門天《びしゃもんてん》の生まれ変わりを自称し、「毘」の一字を軍旗に採用していた謙信の影響とみる。幼いころから上杉家で謙信の薫陶《くんとう》を受けて育った兼続は、謙信を神のように崇拝しており、そのため毘沙門天と同じ仏教の武神の愛染明王に深く帰依《きえ》していたのだと説く。

一方、愛宕権現説をとる人は、尊敬する謙信が出陣のたびに、居城春日山城《かすがやまじょう》の近くにあった愛宕神社に戦勝祈願をしていたという事実を取り上げ、兼続も謙信にならい、愛宕権現にすがろうとしたと説く。また、兼続のもう一つの兜には普賢菩薩《ふげんぼさつ》を表わす梵字《ぼんじ》が使われた前立があり、普賢菩薩が愛宕神社に祀《まつ》られていたことから、兼続には愛宕信仰があったと説く。

✤どっちの説も正しい？

ところが、仏教の世界では普賢菩薩と愛染明王は同一視されているので話はややこしい。そうなると、普賢菩薩を表わす梵字が使われた兜があるというだけで、愛宕権現説をとるわけにはいかないのである。

結局、愛染明王説と愛宕権現説、どちらが正しいかは謎のままだ。しかしながら、謙信を尊敬していた兼続であれば、どちらの説をとってもよいわけで、ここはどちらが正しいのかと追求することにあまり意味が無いのかもしれない。

現在、この兼続の愛の前立付き兜は、山形県米沢市にある上杉神社の宝物殿に収蔵されている。

家宝の鐙を二つ返事で譲った蒲生氏郷にみる武将の本分

✤日本の鐙は足裏全体を乗せる形状

騎馬《きば》武者にとって、馬の装備に欠かせない道具の一つに鐙《あぶみ》がある。鞍《くら》の両脇にさげ、騎乗した人が足をかけるために用いる道具だ。この鐙が登場したお陰で、踏ん張りがきき、騎射《きしゃ》、刺突《しとつ》、斬撃《ざんげき》など騎乗での攻撃力が大幅に増した。

織田信長からも豊臣秀吉からも重用された蒲生氏郷

日本ではすでに四世紀ごろには金属でできた簡単な輪状の鐙が使われていたという。海外では古今を通じて吊り輪型が主流を占めるなか、日本では独自の発展を遂《と》げ、平安時代末期ごろから足先を保護しつつ足裏全体を乗せることができるスリッパ形となり、これにより騎乗姿勢が安定するという利点が生まれた。

この鐙については、産地名を冠《かん》して呼ばれることが多く、加賀《かが》国（石川県）金沢の加賀鐙、伊勢《いせ》国（三重県）松坂の松坂鐙、尾張《おわり》国（愛知県）の知多懸《ちたがけ》鐙などが知られていた。なかでも知多懸鐙は別名佐々木懸《ささきがけ》鐙、日野懸鐙《ひのがけ》とも呼ばれ、左右区別なしに使用できる便利さなどで人気が高かった。

この知多懸鐙をめぐる戦国大名のある逸話を以下で紹介しよう。会津藩《あいづ》（福島県西部）の礎《いしずえ》を築いた蒲生氏郷《がもううじさと》にまつわるもので、氏郷の義理堅く誠実な人柄がしのばれる話として今日に伝わっている。氏郷の略歴にふれたあとでその逸話について語ってみよう。

✤勇将の下に弱卒なし

蒲生氏郷は織田信長《おだのぶなが》、ついで豊臣秀吉《とよとみひでよし》に仕《つか》えた戦国武将。父賢秀《かたひで》は当初信長に敵対したが、やがて降伏。その証《あかし》として嫡男《ちゃくなん》で十二歳の氏郷（当時は鶴千代）を信長のもとへ人質に差し出した。信長は少年氏郷の骨相をみて大いに気に入り、自らの次女（冬姫）を娶《めと》らせ、織田家一門に加えた。以来、氏郷は姉川の戦い、伊勢長島攻め、長篠の戦い、天正伊賀の乱などに従軍し武功を重ねた。

本能寺の変後、秀吉に随《したが》った氏郷は、賤ヶ岳《しずがたけ》の戦い、小牧・長久手の戦い、秀吉による九州征伐や小田原征伐にも参加し、そのいずれの合戦でも勇敢に戦った。九州征伐の直前にはキリスト教に帰依《きえ》（洗礼名はレオン）してもいる。

戦場での氏郷は常に先頭に立って戦う勇猛さをみせた。したがって、勇将の下《もと》に弱卒なしで、蒲生軍はとりわけ精強無比なことで敵に恐れられていたという。この氏郷の勇猛さを物語る一つの逸話を紹介しよう。

天下人となった秀吉は晩年、側近を集めて四方山《よもやま》話に花を咲かせることがよくあったが、あるとき秀吉がこんなことを言い出した。

「信長公に五千の兵力、相手の氏郷に二倍の一万の兵力があったとして、お前たちはどちらに味方するか」

と問うたのである。秀吉は側近らの意見をひとしきり聞き終えると、

「わしなら信長公に味方する。なぜなら、氏郷軍から五つも兜首《かぶとくび》（身分のある将の首）を獲《と》ることができれば、きっとその中に大将の氏郷の首が含まれているはずだからだ。片や信長軍はたとえ四千九百の将兵が討ち取られようとも、生き延びた百の中に必ず信長公がいるはずだ。合戦は大将が討ち取られれば、それで負け。だからわしは信長公に味方するのだ」

戦塵《せんじん》の中を一番に駆け抜けることが、なにも大将たるもののふるまいではない、と秀吉は言いたかったのである。

✤「利休七哲」の一人に数えられる文化人

そんな氏郷は天正《てんしょう》十八年（一五九〇）、秀吉から忠勤ぶりを認められ、それまでの伊勢松坂十二万石から会津四十二万石へと大幅な加増転封《てんぽう》を命じられる。これは秀吉による、奥州の伊達政宗《だてまさむね》に対する抑えでもあった。それだけ氏郷が秀吉から信頼されていた証《あかし》だ。氏郷三十四歳のときである。

こうして氏郷は会津の城下町を整備し、農商工業の振興にも力を注ぎ、のちの会津藩発展の礎を築いていくわけである。

氏郷は「荒大名」と恐れられる一方で、千利休《せんのりきゅう》の高弟「利休七哲」の一人に数えられるほどの文化人でもあった（それも筆頭弟子）。同じ七哲の一人に細川忠興《ほそかわただおき》（肥後細川家初代）がいて、あるとき氏郷にこんなことを言ってきた。

「蒲生家には、『佐々木懸』という名の鐙が代々伝わっているそうだが、それを頂戴できないか」

佐々木懸――知多懸鐙については簡単に先述したが、もう少し補足すると、鎌倉時代に近江国《おうみ》（滋賀県）から愛知・知多半島の大野谷《おおのだに》（常滑市《とこなめ》北部から知多市南部にかけての地名）に移り住んだ鍛冶《かじ》集団「大野鍛冶」が製作したもので、華麗な銀象嵌《ぞうがん》が施され、鐙の中でも最大級の大きさがあり、安定感は群を抜いていた。『平家物語』の宇治川の先陣争いで有名な佐々木高綱《たかつな》が愛用していたといわれ、そこから佐々木懸とも呼ばれた。蒲生家ではいつのころからかこれを入手し、家宝として秘蔵してきたのだった。

そんな大切な家宝をくれというのだから、ずいぶん身勝手な要求だ。しかし二人は信長時代から同じ釜の飯を食べてきた親友同士だけに、そこは遠慮がなかったのだろう。氏郷はその要求に対し、深く考えもせず、「承知した」と忠興に返事をしてしまったために、驚いたのは家臣たちだった。そのうちの一人が氏郷の前に恐る恐る進み出て、

「御家重代《おいえじゅうだい》の名器を手放すなどもってのほか。ここは似た鐙を探し出し、それを本物と偽《いつわ》って細川候に差し上げましょう」

武士としての理想像を体現

それに対し、氏郷はしばらく沈思黙考した後、

「もらった忠興はそれで納得するかもしれないが、わしの心に恥が残る」

そうきっぱり言うと、佐々木懸の鐙をいさぎよく忠興に与えたという。これは、氏郷の愚直なほど義理堅く、誠実な人柄を端的にあらわした逸話と言えよう。

のちに忠興は人づてに氏郷の発言を聞いて、「しまった」と恐縮し、氏郷に返却を申し出たが、氏郷は「いったん差し上げたからには、もうあなたのものです」と言い、けっして受け取らなかったという。

そこで、氏郷が死去（享年四十）したのち、跡継ぎの秀行《ひでゆき》に細川家から鐙が返却されたという。その後、蒲生家は秀行から数えて三代目の忠知《ただとも》の代で後継者がなく断絶させられた。佐々木懸の鐙は消息不明となっている。

この氏郷と忠興のやりとりはまさに武士としての理想像――清廉で実直な生き方をあらわしていると言えるが、この話は中国の故事がもとになっているという説もあり、真偽は定まっていない。しかし、氏郷という武将は、天下を取る器ではなかったが、家来にすればこれほど頼もしい男もいなかったはずだ。だからこそ氏郷は、信長にも次の秀吉にも重用されたのである。

家康の天下を夢見た榊原康政の素顔を「無」の軍旗から読み解く

✤大将の首がとられたに等しい屈辱

戦国武将の軍旗というと、あなたは誰のどんな旗を思い浮かべるだろうか。旗はもともと祭祀《さいし》の際に威儀《いぎ》を正したり神仏の加護《かご》を祈ったりする目的で利用されたが、いつしか敵と味方を識別する軍事目的にも使われるようになった。その嚆矢《こうし》とされるのが、ご存じ、源平合戦における源氏の白旗、平氏の赤旗である。

戦国時代になると、単に敵味方を識別する目的から、兵の進退を指示したり自軍の威信を誇示したりする役割も担うようになり、いつしか旗は軍そのものの象徴となっていった。したがって、合戦のなかで敵に軍旗が奪われた場合、味方の将兵は大将の首がとられたにも等しい屈辱感を味わったという。

例えば、徳川《とくがわ》と豊臣《とよとみ》の最終決戦である大坂夏の陣において、家康《いえやす》の本陣が真田《さなだ》幸村《ゆきむら》（信繁《のぶしげ》）隊によって急襲され、その混乱のなかで家康のそばに立てかけてあった軍旗が倒されたことがあった。のちに家康は旗奉行の責任を問い、閉門処分にしたという。それほど軍旗とは大切なものなのだ。

✤信長、永楽銭の絵を軍旗に

　軍旗に書かれた文字や絵——旗印《はたじるし》も様々で、いずれもその大将や隊長の個性を反映していて興味深い。思いつくままに紹介すると、武田信玄《たけだしんげん》の「風林火山《ふうりんかざん》」、上杉《うえすぎ》謙信《けんしん》の「白地に『毘《び》』の一字」、織田信長《おだのぶなが》の「黄絹《ほっけん》に永楽銭《えいらくせん》の絵」、徳川家康の「厭《おん》離穢土欣求浄土《りえどごんぐじょうど》」、石田三成《いしだみつなり》の「大一大万大吉《だいいちだいまんだいきち》」……など。合戦に臨《のぞ》む心構えや政治信条、死生観などを端的に表現した文字や絵が多いようだ。

　それぞれの意味を簡単に解説すると、まず「風林火山」。中国の兵法書『孫子《そんし》』に由来するとされ、戦いにおける四つの心構えを述べたものという。すなわち、風のように疾《はや》く動く、林のように徐《しず》かに待つ、火のような激しさで侵掠《しんりゃく》する、山のようにどっしりと構えて動かない——を臨機応変に選択することで百戦危うからず、というわけである。「白地に『毘』の一字」は謙信が常日ごろ信仰していた毘沙門《びしゃもん》天《てん》（武神）の一文字をとった。

さらに、「黄絹に永楽銭の絵」は貨幣経済を象徴する銭《ぜに》の絵をもってくるところが信長らしい。「厭離穢土欣求浄土」は浄土教の用語で、苦悩に満ちたこの世を離れ、浄土を目指す、という意味。家康はきっと、戦乱を治めて平和な世の中、すなわちこの世に浄土を築けるのは自分しかいない、という気概を持っていたのだろう。「大一大万大吉」は文字紋の一種で、「一人が万人の為に、万人が一人の為に尽くせば天下の人々は幸せになれる」というほどの意味。私利私欲の無い三成の政治信条を端的に表わした旗印と言えよう。

そんななか、白地のまん中にただ一文字「無」と書かれた軍旗を愛用する戦国武将がいた。その武将こそ、徳川家康の重臣・榊原康政《さかきばらやすまさ》である。一体、康政はなぜこんな不可解な軍旗を用いたのであろうか。

❖つねに家康に影の如く付き随う

榊原康政という武将は、徳川家康に天下をとらせるために天がこの世につかわせた男だと言われている。十三歳で小姓《こしょう》として家康に仕《つか》えて以来、数多《あまた》の合戦で活躍し、家康麾下《きか》では本多忠勝《ほんだただかつ》らと並んで「徳川四天王」の一人に数えられている。

初陣《ういじん》は十六歳で、家康の本拠地の三河《みかわ》(愛知県東部)で起こった一向一揆《いっこういっき》に従軍した。この三河一向一揆は、三方ヶ原《みかたがはら》の戦い、伊賀越えと並び、家康の三大危難の一つとされる出来事で、この内紛によって家康は宗教の持つ恐ろしさを身をもって知ることとなった。康政はこの一揆の鎮圧《ちんあつ》に功があったため、家康は自らの名前の一字を与え、それまでの小平太から康政と改めさせた。

その後、康政は数々の合戦に臨み、武功を重ねた。同い年の本多忠勝とは好敵手《ライバル》の間柄で、二人はつねに手柄争いを繰り広げ、家康を喜ばせた。

康政の生涯でもっとも華々しい合戦は元亀《げんき》元年(一五七〇)、二十三歳で臨んだ「姉川の戦い」であろう。徳川勢五千に対し、敵の朝倉《あさくら》勢は二倍の一万。一進一退の攻防が続くなか、康政が一隊を率いて朝倉勢の横に回り込んで側面を急襲、これが朝倉勢を壊滅させるきっかけとなった。

康政はその二年後の三方ヶ原の戦いでも活躍した。これは当時戦国最強をうたわれた甲斐《かい》(山梨県)の武田信玄《たけだしんげん》に徳川家康が挑んだもので、当時まだ三十一歳と若い家康が、五十二歳と老獪《ろうかい》な甲斐の虎に大敗した戦いである。康政は味方が総崩れとなるなか、「敵に舐《な》められたまま終わっては三河武士の名折れ」と、敗残兵を集めて敵陣に奇襲戦を仕掛け、意地を見せている。

また、本能寺の変後の伊賀越えでは、本多忠勝らと共に家康を警護しながら伊賀の山中を駆け抜けている。まさに、家康の行くところ、つねに影の如く付き随《したが》う康政であった。

✤情報操作で秀吉をあおる

康政は、武勇では本多忠勝に一歩譲るが、部隊の指揮官としては忠勝に勝《まさ》り、井《い》伊直政《いなおまさ》（四天王の一人）にも並ぶと評された。井伊直政は関ヶ原の戦いで東軍指揮の中心的役割を担《にな》った武将だ。それほど戦《いくさ》上手な直政と康政は同列に扱われたのである。また、普段は温厚で書を読むことを好み、能筆家でもあった。そんな康政の筆が、戦の勝利に貢献したという話を一席――。

豊臣秀吉《とよとみひでよし》と徳川家康との間で繰り広げられた小牧《こまき》・長久手《ながくて》の戦いでも、康政は大活躍した。康政は、長久手に陣を張っていた秀吉の甥《おい》の秀次《ひでつぐ》、さらに森長可《もりながよし》、堀《ほり》秀政《ひでまさ》と立て続けに撃破し、徳川方に勝利を呼び込む立役者となった。

この合戦での直接的な戦闘による功もさりながら、出陣に際して康政は自分の名前で檄文《げきぶん》を書いており、それが戦の勝敗を大きく左右したと言われている。その檄文の内容とは大要、次のようなものだった。

「秀吉は、もとはどこの馬の骨ともわからない男で、それが織田家に奉公し、やがて信長公の引き立てを得て、運よく今日の身分になれた。しかるに信長公が亡くなった途端、君恩《くんおん》を忘れて主家の子孫を滅ぼし、今まさに天下の権を握ろうとする。こんな逆賊を赦《ゆる》してよいものか。逆賊に味方して後世に悪名を遺《のこ》すより、わが義軍に参加し、一緒に秀吉を討とうではないか」

こうした文章を康政は達筆で手紙にしたため、味方と敵にかかわらず、両軍にバラ撒《ま》いた。しかも、それで飽き足らず、高札《こうさつ》も作ってあちらこちらの往還《おうかん》に掲示させたという。いわば情報操作である。この檄文を読んだ秀吉は、

「康政めをきっと生け捕りにせよ。見事してのけた者には、褒美《ほうび》は望みのままじゃ」

と顔を真っ赤にして怒ったという。

✤地位や権力にこだわらない潔さ

この小牧・長久手の戦いが終息して二年が過ぎたころ、康政は秀吉と面会する機

会を得た。そのとき秀吉は康政に向かって、

「小牧の合戦では心底《しんそこ》、そなたを憎く思ったが、今となってはそなたの三河殿（家康）への忠義に感服している。三河殿がうらやましい」

しみじみとこう語りかけたという。その後、康政は秀吉の口利きによって従五位下、式部大輔《しきぶたいふ》に叙《じょ》せられた。家康の家来では初めての任官だった。家康が関東に移封《いほう》されると、康政は上野国《こうずけ》（群馬県）館林《たてばやし》城で十万石を頂戴する。関ヶ原後はのちの徳川幕府二代将軍・秀忠《ひでただ》付の老中となるが、やがて加増を打診されると、

「老臣、権《けん》を争うは亡国《ぼうこく》の兆《きざ》しなり」

と言ってそれを断り、政治からも離れ領国に帰ってしまった。その潔さに家康は感嘆を惜《お》しまなかったという。それほど康政という武将は無私・無欲な人だった。自分が見込んだ徳川家康という人物を天下人の座に押し上げることだけが、康政の望みだったのだ。慶長《けいちょう》十一年（一六〇六）五月、康政は館林で五十九年の生涯を閉じた。

康政がいつごろから「無」の旗印を使うようになったのか判然としないが、三方ヶ原の戦いのときはすでに用いていたらしい。なぜその旗印を使うようになったの

か、康政自身は理由を語り残していないものの、家康のそばにいて無私・無欲で働くことこそ、康政にとって無上の喜びだったのだろう。その決意を表したのが、「無」の旗印だったのである。

家康の天下取りについては、歴史の表舞台に登場するタイミングがよかったなどいろいろ言われているが、なによりもこうした康政のような忠義一徹な家来が周囲に少なからずいたことが、それを可能ならしめたのである。

家康の少年時代から仕えた酒井忠次の軍配団扇のしくみ

❖信玄の軍配に残った刀傷

軍配団扇《ぐんばいうちわ》（通称軍配）と聞いて、戦国ファンなら、きっと川中島の戦いの名シーンを思い浮かべることだろう。そう、越後《えちご》（新潟県）の龍・上杉謙信《うえすぎけんしん》と甲斐《かい》（山梨県）の虎・武田信玄《たけだしんげん》が雌雄を決すべくぶつかった、あの史上名高い合戦である。

川中島の戦いは一回ではない。十二年間に都合五回行われており、なかでも最大の激戦は永禄《えいろく》四年（一五六一）九月に繰り広げられた第四次の戦いだった。このとき謙信三十二歳、信玄四十一歳。

両軍の旗本が入り乱れての大乱戦となり、一瞬、信玄の身辺警護が手薄になったとき、その虚をついて一人の騎馬武者が風を巻いて躍り込んできた。萌黄《もえぎ》の胴肩衣《どうかたぎぬ》姿に白布で頭を包んだその武者こそ、謙信であった。謙信は床几《しょうぎ》に悠然と腰を下ろした信玄めがけ、馬上から三尺の大太刀で襲いかかった。

「推参《すいさん》なり！」

信玄は、謙信のその雷《いかずち》にも似た鋭い斬撃《ざんげき》を右手に持った軍配で、発止《はっし》と受け止める。初太刀をかわされても二度三度と襲いかかる謙信。——と、そこへ信玄の旗本の一人が駆け付け、謙信が騎乗した月毛の馬の尻を槍で一突きしたから、馬は驚いた。

ヒヒーンと一声嘶《いなな》いたかと思うと、謙信を振り落さんばかりの勢いでその場から遁走《とんそう》し、信玄はどうにか危難を脱することができた。あとで信玄が軍配を検《あらた》めると七カ所に生々しい刀傷が残っていたという。

✤自分より十六若い家康を支える

軍配とは、中国伝来の団扇である「唐団扇」を原型とし、上部が大きく膨れて中央部がくびれた「瓢箪形《ひょうたん》」をしているのが一般的だ。現代ではテレビの大相撲中継で行司が持っているのを見るくらいだが、戦国時代には、悪鬼邪鬼を払い、霊威《れいい》を呼び寄せるラッキーアイテムとして、さらに采配《さいはい》や指揮棒同様、大将が威儀を整えるための装具として好んで用いられた。

この時代、帷幄《いあく》（本営）にあって大将の側近の一人として「軍配者」と呼ばれる参謀《さんぼう》がいた。当時はまだ軍師という言葉がなく、軍配者の役割は現代のわれわれが考える軍師——作戦立案者とは役割が少し異なり、天文を観察して味方が有利に戦《いくさ》を進めるうえでの出陣の日取りや方角、兵の配置などを占い、その結果に基づいた戦術を大将に進言するのが主たる役割だった。

徳川家康《とくがわいえやす》の帷幄にあって、家康の信頼厚かった軍配者に、酒井忠次《さかいただつぐ》という武将がいる。名高い徳川四天王のなかでも筆頭格にあげられる家康第一の重臣である。家康と同じ三河出身で、家康が少年時代、今川義元《いまがわよしもと》の人質になったころから仕《つか》えている古株だ。以来忠次は、自分より十六若い家康を主君と仰ぎ、あるときは励まし、

川中島の戦いで謙信と信玄の両雄が一騎打

あるときは叱咤《しった》し、家康の覇業実現のために尽力を惜しまなかった。

忠次は本多忠勝《ほんだただかつ》などほかの四天王と少し毛色が違い、戦で一騎当千の活躍を見せるというよりも、政治力で家康に貢献した人物だ。例えば、桶狭間《おけはざま》の戦いの後、家康から三河東部の国人衆を懐柔する役割を命じられたり、本能寺の変の直後には空白地帯となった武田遺領の信濃の国人衆を抱き込む役割を命じられたりしている。

そんな酒井忠次が愛用した軍配が、現代に伝わっている。それは当時としては珍しい工夫が、意匠《いしょう》面・機能面の両方でいくつも施されている一風変わったものだった。その工夫とは一体……。

✤信長や秀吉からも一目置かれる

酒井忠次は、家康の家来でありながら、織田信長《おだのぶなが》にも豊臣秀吉《とよとみひでよし》にも愛された数少ない武将だ。信長との間にはこんな逸話が伝わっている。織田・徳川連合軍と甲斐の武田軍が戦った長篠《ながしの》の戦いの際、軍議の席で忠次が、武田方への夜襲を主張したところ、信長から「夜襲など雑兵《ぞうひょう》の下策である」と叱責《しっせき》されてしまう。

ところが、軍議が終わると忠次は家康を通じて信長から呼び出しを受ける。忠次はさっきの件があるので恐る恐る信長の前に参上すると、案に相違して信長は上機嫌で、こう語りかけた。

「さっきは悪かった。さすがは家康殿が信頼する家来だけのことはある。わしも夜襲は上策だと思ったが、敵方の間者に漏れる心配があったので、あの場ではあのように言ったのじゃ」

信長はそう言って、忠次に改めて夜襲の指揮を執《と》るよう命じた。のちに、この長篠の戦いが織田・徳川連合軍の勝利で終わると、別働隊を率いて武田軍の背後に回り、勝利のきっかけを作った忠次は再度信長に呼び出され、「背に目を持つごとし」と称賛されたという。

秀吉もまた忠次に一目置いており、秀吉が家康と戦った小牧・長久手の戦いでは、鬼武蔵《おにむさし》と恐れられた秀吉方の森長可《もりながよし》（森蘭丸の兄）を忠次は見事敗走させたことがあった。戦後、そんな忠次を秀吉は家康第一の重臣として遇し、家康の家来では最高位の従四位下左衛門督《じゅしいのげさえもんのかみ》に叙位《じょい》任官させているほどである。

✤拡大鏡まで付いていた

このように酒井忠次という武将は、ほかの四天王たちのように実戦において目立った活躍は少ないものの、家康の人生の少年期から壮年期にかけてつねに側近くに侍《はべ》り懐刀《ふところがたな》として政治・軍事面などで様々な助言を与えてきた。

合戦においては稀代の参謀であるばかりでなく、主君家康の性格を誰よりも知り抜いていただけに、徳川軍の軍配者としてはこれ以上ない適任者といえた。

のちに忠次は庄内藩酒井氏の祖となるのだが、今日、その故郷である山形県鶴岡市の致道《ちどう》博物館には、忠次所用とされる具足と軍配が保管されている。

「朱塗黒糸威《しゅぬりくろいとおどし》二枚胴具足」と呼ばれる具足は、全体に朱色が目をひくが、三河武士の心意気を示すように実用的でごく簡素な造りだ。兜《かぶと》は頭形《ずなり》、脇立《わきだて》には木製金箔押《きんぱくおし》の大鹿角《おおかづの》が装飾されている。

一方の軍配は木製の黒漆《うるし》塗で、金の覆輪《ふくりん》（縁取り）が黒によく映えている。中央部には時刻や方角を示す干支《えと》が円形に配置され、その上の左右に丸い拡大鏡が二つはめ込まれ、さらにその上に方位磁石が付いている。当時としては最新式の軍配であったことは間違いなかろう。

きっと忠次は戦に臨んで、敵軍の陣立てや地形を勘案しながらこの軍配を駆使して、きめの細かい作戦を立案したに違いない。なお、拡大鏡が付いているのは、忠次は老境に入り、目を患うようになったからだ。地図などを見る際、この拡大鏡は大いに役立ったはずである。

この軍配一つをとってみても、忠次がほかの四天王とは異なる役割を家康から与えられていたことがよくわかる。

慶長《けいちょう》元年（一五九六）十月、家康の補佐役に徹する生涯を全《まっと》うした酒井忠次は、家康の天下統一を見ることなく京都で亡くなった。享年七十。

信長武士団の誉れ、黒母衣を身につけていた佐々成政の波乱のその後

❖あまり実用的ではなかった

戦国期の合戦シーンを描いたドラマで、まるで布袋《ほてい》様かサンタクロースのように大きな袋を背負った騎馬《きば》武者が登場するのをご覧になったことはないだろうか。これから敵陣に突撃して命のやりとりをしようというのに、武士たちはなぜあのような邪魔っけな袋を背負って戦ったのだろうか。

実は、あれは袋ではなく丈夫なマントの一種で、母衣《ほろ》、または保呂とも書く。大きな四角い布で、上端を肩のところで結び、下端は腰のところで固定した。その状態で騎馬駆けすると、布が風をはらみ、あたかも大きな袋を背負って駆けているように見えるという次第。

駆けるのを止めると当然しぼんでしまうので、常時膨らませておくために竹や木などの骨組みで半円形の籠《かご》のようなものを作り、その上から布をかぶせて膨らんで

いるように見せたという。

母衣は平安時代から存在したとされ、飛来してくる矢や礫《つぶて》から身を守るのが本来の目的だった。また、戦場で敵兵の首を取った際、その首を母衣の布で包んで持ち帰るのが武士の作法とされていた。いずれにしろ、木の枝に引っかかって落馬したりして、あまり実用的ではなかった。

✤織田家のエリート武士団

戦国時代になると母衣は自分の存在を周囲に知らしめるための旗指物《はたさしもの》の一種とみなされ、色もどんどんカラフルになった。そうなると本陣と前線部隊の間を行き来する使番《つかいばん》（伝令、連絡係）が身につけるようになった。

使番は役目柄、味方の陣営を馬で駆け回るため、味方の将兵に自分が使番であることを遠くからでもひと目でわからせたほうが、混乱した戦場においては何かとスムーズに動き回れると考えたのだ。

ところが、味方の将兵によく目立つということは、敵方からもよく目立つということでもあった。敵陣から弓や鉄砲で狙われることも少なからずあったらしい。それでも、使番たちは母衣を背負うことを止めなかった。それが、武士として己の胆力を誇示することにつながるからだ。

そのため使番には特に機転がきいて武勇にも優れた者が選抜された。使番に抜擢《ばってき》されるということは、当時の武士にとっては大変な名誉だったという。

やがて、織田信長《おだのぶなが》が登場すると、自分の身辺を護衛する親衛隊――直属の精鋭部隊を母衣衆と呼ぶようになった。

この信長が組織した母衣衆には、馬廻り衆（親衛隊）から抜擢された「黒母衣衆」と、小姓《こしょう》衆から選抜された「赤母衣衆」があった。まさに、織田家が誇る若きエリート武士団で、それぞれ十人ほどが在籍していた。

黒母衣衆の筆頭は佐々成政《さっさなりまさ》、赤母衣衆を率いたのは前田利家《まえだとしいえ》。数々の合戦で手柄を競い合った二人だったが、やがて二人のその後ははっきりと明暗が分かれてしまった。利家は出世の階段を駆け上って加賀百万石の祖となり、成政はときの為政者に逆らったばかりに憤死《ふんし》を遂げてしまうのだ。

なぜ、織田軍団を代表するエリートであった佐々成政は、そんな悲惨な末路を迎えてしまったのだろうか。

✤厳寒の飛騨山脈を越える

佐々成政は生まれついてのエリートだった。生年に関して確証はないものの天文《てんぶん》五年（一五三六）とされ、父は尾張《おわり》国春日井郡比良《ひら》（名古屋市西区）の土豪にして比良城主・佐々成宗《なりむね》（盛政《もりまさ》とも）だった。

十五歳ごろに織田信長に仕《つか》え、以来、馬廻り衆の一員として数々の戦功を重ねた。それが認められ、永禄《えいろく》十年（一五六七）には黒母衣衆の筆頭に抜擢されている。その後、織田家重臣の柴田勝家《しばたかついえ》の与力として北陸遠征で活躍した後、四十七歳にして越中《えっちゅう》（富山県）一国を与えられる。

そんな出世街道をひた走る成政に、待ったをかける大事件が起こる。本能寺の変である。主君信長が横死し、柴田勝家と羽柴秀吉《はしばひでよし》の対立が表面化すると、成政は迷わず勝家に味方を申し出た。

ところが、成政にとっては幸いというべきか、勝家と秀吉が戦った賤ヶ岳《しずがたけ》の戦いでは、成政は越後《えちご》（新潟県）の上杉景勝《うえすぎかげかつ》と交戦中で身動きがとれず、結果的に秀吉の勝利を後押しすることになってしまう。これにより成政は秀吉に降伏し、越中一国を安堵《あんど》されている。

天正《てんしょう》十二年（一五八四）、秀吉と徳川家康《とくがわいえやす》との間で小牧《こまき》・長久手《ながくて》の戦いが起こると成政は、いったんは秀吉方につく態度をみせたものの、すぐに家康方に寝返った。そして、戦《いくさ》が膠着《こうちゃく》状態に入り、両雄の間で和議が成立すると、それに納得できない成政はとんでもない行動に打って出る。

家康を説得して秀吉ともう一度戦わせるべく、厳寒の飛騨《ひだ》山脈（北アルプス）を越えて家康がいる浜松に向かったのである。通称「さらさら越え」と言われるのがこれだ。結局、この説得工作は実らず、成政一行はすごすごと富山を目指して再び雪深い飛騨山脈を越えるのだった。

✤「秀吉憎し」の一念で

冬季の飛騨山脈越えは現代の装備をもってしても至難とされており、このとき成政一行は約六十人で富山を出発し、無事に帰国できた者は成政以下七人しかいなかったというから、いかに無謀《むぼう》で苛酷《かこく》な挑戦だったかおわかりいただけよう。

その後、成政は秀吉に二度目の降伏をし、領地を没収されて秀吉に御伽衆《おとぎしゅう》として仕える。これで成政の命運も尽きたかに見えたが、天正十五年の秀吉による九州征伐で功を挙げたことで、肥後《ひご》（熊本県）一国を与えられる。

再び国持ち大名となった成政だったが、肥後に入り、領国経営を焦るあまり、国人衆の反乱に遭ってしまう（「肥後国人一揆《いっき》」）。ここに至り、成政をかばいきれなくなった秀吉は、成政に切腹を命じることになる。それは天正十六年、成政五十三歳のときのことだった。

前田利家と並んで織田家にあっては母衣衆筆頭という人もうらやむ立場にありながら、晩年は利家と雲泥の差がついてしまった成政。城主の子として生まれ、幼少期を何不自由なく過ごし、信長に仕えてからもエリート街道を突き進んできた成政にとって、途中から織田家にやってきて、持って生まれた幸運と気働きだけで自分の地位を追い抜いて行った男が憎くて憎くて仕方が無かったに違いない。

おそらく厳寒の飛騨山脈越えも、「秀吉憎し」の一念で決行したものであろう。そんな凝り固まったエリート意識を捨てきれなかったところに、成政の不幸があった。

秀吉に命じられて切腹する際、大坂城の方角を睨《にら》み付けながら自らの腹に短刀を突き立てたが、歯を食いしばりすぎて、歯がぽろぽろと抜け落ちるほどだったという。成政の無念の程がしのばれる。

第五章 ❖ 歴史の舞台裏で活躍した者たち

謙信からの「塩」のお礼に信玄が贈った名刀「塩留めの太刀」の謎

✤美談の裏側にあるもの

越後《えちご》の上杉謙信《うえすぎけんしん》と甲斐《かい》の武田信玄《たけだしんげん》は、北信濃《きたしなの》の支配権をめぐって幾度も干戈《かんか》を交えた。いわゆる川中島の戦いである。そんな不倶戴天《ふぐたいてん》の仇敵《きゅうてき》同士であるはずの両雄だが、一度だけ、謙信が信玄の危機を救ったことがあった。「敵に塩を送る」の故事で知られる例の一件である。

この逸話は、普段は争っていても、好敵手《ライバル》が困ったときには手を差し伸べるという、今日のスポーツマンシップにも通じるものがあり、戦国期を通じても最高の美談とされている。江戸後期の儒学者・頼山陽《らいさんよう》などは、

「武士のあるべき姿の鑑《かがみ》である」

と、謙信のことを手放しで称えているほどだ。

――だが、しかし、本当に話はそんな単純なものだったのだろうか。弱肉強食の

思想がはびこる戦国乱世にあって、しかも普段はいがみ合っている相手に無条件で救いの手を差し伸べることなど本当にできたのだろうか。

本稿では、美談の裏側にある真実と、危機を救ってくれた返礼として信玄が謙信に贈った名刀についても語ってみたい。

✤家宝の太刀を贈って恩に報いる

先述の頼山陽が著した『日本外史』には、謙信が信玄に塩を送った経緯《いきさつ》について、大要、次のように書かれていた。

「今川氏真《いまがわうじざね》と北条氏康《ほうじょううじやす》は共謀し、駿河《するが》から甲斐への塩の輸送を止めてしまった。それまで内陸の甲斐は塩を駿河に依存していたため、人々は大いに困窮した。それを伝え聞いた謙信は信玄に手紙を送り、人の生命にかかわる塩を断つとは言語道断。武士の戦いは弓矢をもって行うものであって、塩や米で行うものではない。駿河から塩が入らないなら、わが越後から送って進ぜよう――と言った」

この手紙からときを移さず、越後から大量の塩が甲斐方面に流入するようになった。信玄をはじめ、甲斐の人々は謙信の気遣いに心から感謝したことは言うまでもない。信玄は謙信の義侠心に報いるため、家宝の中から選んだ一振の名刀（太刀）を謙信に進呈した。

その太刀は現代に伝わっており、重要文化財として東京国立博物館に収蔵されている。鎌倉中期の備前一文字派の作とされているが、茎《なかご》が磨《す》りつぶされており、「弘」の一文字しか銘を確認できないという。そこから、別名「弘の太刀」とも「塩留めの太刀」とも呼ばれることがある。

――まさに、戦国期を代表する英雄同士の美しい交友関係がしのばれて胸が熱くなるが、そんな表面上だけを見ていると戦国乱世の真の姿は浮かび上がってこない。

そもそも今回の問題は、甲斐の武田氏、相模《さがみ》の後北条氏、駿河の今川氏の三者間で甲相駿《こうそうすん》の三国同盟が結ばれていたにもかかわらず、領土欲に燃える信玄がその同盟を無視して駿河に侵攻したために起こったのである。言い方を変えれば、信玄の自業自得《じごうじとく》が招いたものだった。

✤製塩事業は越後の重要産業

巷間《こうかん》言われるように「義」を重んじる謙信であったなら、大名同士の盟約（三国同盟）を勝手に反故《ほご》にして同盟国に侵攻した信玄のほうが悪いのだから、信玄に対し「武士の風上にも置けぬやつ」と指弾《しだん》したとしても何ら不思議はない。しかし謙信はそうはせず、むしろ信玄の危機を救う道を選んだ。それはなぜだろう。

これに対しては、謙信は大量の塩を甲斐に売りつけることで金を稼ごうとしただけ、とみる説がある。事実、当時の越後の製塩事業は国の経済の柱とも言うべき重要産業で、謙信と信玄が戦《いくさ》を始めるずっと以前から、越後から運ばれた塩が内陸の信濃や甲斐方面へ流れており、この塩の道（「糸魚川街道」）は甲越による川中島の戦いが行われているさなかでさえも機能していたというから驚く。

今川と北条によって太平洋側からの補給ルートが遮断され商売敵《がたき》がいなくなった今こそ、日本海側の塩を売り込む好機《チャンス》と謙信は考えたのであろう。

よく勘違いされがちだが、謙信は甲斐に塩を無償《ただ》であげたわけではない。これまで通り越後の商人を通じて相応の価格で売りつけたはずである。あるいは非常事態だからと利益をいつもより上乗せしていたかもしれない。

しかし、謙信側の動機は何であれ、困っているときに手を差し伸べてくれた事実に変わりはない。きっと信玄は「塩留めの太刀」を喜んで手放したはずである。

越後から救援の塩が最初に松本に到着したのが、永禄《えいろく》十一年（一五六八）一月十一日。以来、謙信への感謝を忘れないようにと毎年一月上旬に「塩市」が開かれるようになり、この塩市は今日、「あめ市」と名を変え長野県松本市で存続している。

なお、謙信は信玄の死から五年後の天正《てんしょう》六年（一五七八）三月、四十九歳で亡くなった。死因は脳溢血《のういっけつ》。謙信は毎晩、味噌や梅干をなめながら手酌で酒を呑むことを無上の楽しみとしており、永年の塩分の過剰摂取が祟《たた》ったものとみられている。

大坂の陣前夜、名刀「正宗」「貞宗」からたどる真田幸村の素顔とは

❖赤備えにふさわしい名槍

数多《あまた》いる戦国武将の中でも人気投票をすれば常に上位に入る真田幸村《さなだゆきむら》（信繁《のぶしげ》）。最期となった大坂夏の陣では、あと一歩のところまで徳川家康《とくがわいえやす》を追い詰め、このときの活躍で「真田、日本一《ひのもといち》の兵《つわもの》」と称えられたほどの武将だった。

そんな幸村が大坂の陣で使用したとされているのが、十文字槍と薙刀《なぎなた》だった。特に、十文字槍を好んだことはよく知られている。十文字槍とは文字通り穂先（刃の部分）が十字形になった槍のことだ。

幸村愛用の十文字槍は、武勇に優れた者にだけ与えられる朱槍（柄が朱色に塗られた槍）とされ、真田の赤備えにふさわしい名槍だったに違いない。十文字槍は余程槍の扱いに熟達したものでなければ使いこなせない武器とされていただけに、幸村は相当の腕前の持ち主だったはずである。

この十文字槍こそ今に伝わっていないが、幸村が大坂夏の陣で家康の本陣に突入したときに持っていたとされる薙刀は現存している。これは、幸村を討ち取った西《にし》尾仁左衛門《おにざえもん》が幸村から分捕《ぶんど》り、のちに主家の越前《えちぜん》松平家に献上したものだ。現在では福井市立郷土歴史博物館に、幸村愛用の血染めの采配《さいはい》とともに保管されている。

❖山伏の姿で大坂に入る

ところで幸村は普段、どんな刀を愛用していたのだろうか。一説に、幸村は家康との最終決戦が近付くと、どこからか村正《むらまさ》の短刀を手に入れ、それを肌身離さず携帯していたという。

　村正の刀といえば、家康にとっては徳川家に祟《たた》り続ける不吉な刀――妖刀以外のなにものでもなかった。祖父清康《きよやす》が家来に殺されたときに使われたのが村正で、嫡《ちゃく》男信康《なんのぶやす》が謀反《むほん》の疑いで死罪となった際、介錯《かいしゃく》に使われた刀もまた村正だった。そのことを知っていた幸村は、怨敵《おんてき》家康を倒すため、あえて村正の刀を携帯したのだという。

　夏の陣で幸村が家康の本陣を襲った際、乱戦の中で家康にその村正を投げつけたという話がある。ところが、村正は命中せず、すんでのところで家康に逃げられ長《ちょう》蛇《だ》を逸《いっ》したという。

　しかし実際には、幸村が村正を持っていたという確かな証拠は無く、因縁《いんねん》話に仕立てることでより話を面白くしようとした後世の人の創作だと考えられている。

　幸村所持の刀として確かな史料に登場するのは、正宗《まさむね》と貞宗《さだむね》の二振りの刀である。

　それについては、ちょっと面白い話が伝わっている。

　幸村が、紀伊九度山《くどやま》での配流《はいる》暮らしに見切りをつけ、家来を引き連れ九度山を密《ひそ》かに脱出して大坂に入ったときのことである。一行は目指す大野治長《おおのはるなが》（豊臣家の重臣）の屋敷までやってくると、門番に主人治長への面会を求めた。

このとき幸村一行は剃髪《ていはつ》して山伏の姿をしており、幸村自身は「伝心月叟《でんしんげっそう》」を名乗ったという。その姿があまりにも粗末だったので、門番は最初、山から山賊の一団が下りてきたと早合点したほどだった。

✤若侍にからまれる幸村

それでも門番は渋々ながらも、山伏の一団が主人を訪ねてやってきたことを奥に取り次いでくれたという。ところが、あいにく治長は外出中だったため、幸村らは一室を与えられ、治長の帰宅を待つことになった。

幸村らが部屋に入ると、治長の家来らしい十人ほどの若侍が集まっていて、なにやら喧々諤々《けんけんがくがく》と意見を戦わせていた。聞くともなしに聞いていると、どうやら互いに刀の目利き自慢をしているらしい。そのうち若侍の一人が、見慣れぬ山伏の一団を暇つぶしにからかってやろうと思ったらしく、幸村の前にやってきて、

「行者《ぎょうじゃ》どのの刀を拝見したいのだが……」

と言いだした。幸村は、

「これは山犬を追い払うための鈍刀《なまくらがたな》。目利きぞろいの貴殿らにお見せするような代物《しろもの》ではござらぬ」

と、いったんは断ったが、若侍が執拗《しつよう》にからんでくるため、仕方なく刀を差し出した。若侍はそれを無造作に受け取ると、すらりと抜き放ち、刀身に見入った。そのうち顔色がみるみる変わっていった。何事かと仲間の若侍たちがどやどやと集まってきた。幸村の刀を持った若侍が、真顔で幸村に断りを入れると、柄《つか》の目釘を抜き、茎《なかご》を検《あらた》めた。若侍たちの視線が集中した先には、くっきりと「正宗」の銘が切られているではないか。

刀を持った若侍は訝《いぶか》しげな目で、幸村の顔を覗《のぞ》き込んだ。一見すると、どこにでもいる旅の垢《あか》で汚れた山伏だが、よくよく見れば目元が涼やかで、どこか侵《おか》しがたい気品を全身から漂わせていた。若侍は急に言葉を改めると、

「失礼ながら、その脇差も拝見いたしたい」

❖茶目っ気のある幸村

そう言って、今度は作法通りの丁寧な所作で脇差を受け取り、刀身を穴のあくほ

ど見詰めたのち、茎を確認した。すると、今度は「貞宗」の銘があった。正宗といい貞宗といい、どこへ出しても恥ずかしくない大名道具である。

一体、この粗末ななりをした山伏は何者……。

若侍たちが畏怖《いふ》と興味が入り交《ま》じった目で幸村一行を見つめていると、ちょうどそこへ帰宅した大野治長がやってきた。治長は幸村とは旧知の仲なので、あわてて幸村の前で平伏し、訪ねてきてくれたことに対し心からの感謝を述べ、急《せ》き立てるようにして幸村一行を書院（奥座敷）へといざなったのである。あとに呆然と見送る若侍たちを残して……。

その後、大坂城に入った幸村は、治長の屋敷で自分の刀を目利きしてくれた若侍たちと何かの機会に顔を合わせるたびに、

「どうじゃ、あれから目利きは上達したか」

と聞いてきたという。そう声をかけられて、誰しも赤面してその場を退《ひ》き下ったことは言うまでもない。

——これは戦国武将の逸話集『武辺咄聞書《ぶへんばなしききがき》』に収録されている話である。この話から、幸村という人は、なかなか茶目っ気のある人でもあったことがわかる。残

念なことに、この幸村が所有していたとされる正宗と貞宗は今に伝わっていないことを最後に付記しておく。

黒田官兵衛の兜「赤合子」から天下への野心を読み解く

❖通称如水の赤合子

羽柴《はしば》（豊臣《とよとみ》）秀吉《ひでよし》の天下取りを参謀という立場で支え、秀吉が大願を成就《じょうじゅ》させたのちは一転、その才覚ゆえに「世に恐ろしきものは徳川《とくがわ》と黒田《くろだ》なり。家康《いえやす》の温厚さに比べ、孝高《よしたか》には心を許せない」（『名将言行録』）と秀吉から遠ざけられた人物こそ、筑前《ちくぜん》国福岡藩の祖・黒田官兵衛《かんべえ》（孝高、如水《じょすい》）である。

官兵衛は戦国武将の中でもひときわユニークな兜《かぶと》を愛用していたことでも知られている。それは「銀白檀塗合子形兜《ぎんびゃくだんぬりごうすなりかぶと》（通称・如水の赤合子《あかごうす》）」という。合子とは蓋付きの椀《わん》――食器をさし、それを逆さに伏せた形をしていた。

『御伽草子《おとぎぞうし》』に登場する鉢かぶり姫でもあるまいし、食器を頭にかぶるとは、一体そこにどんな意味がこめられていたのだろうか。生涯に五十数度の合戦を経験し、一度も負けたことが無かったという戦《いくさ》の天才、黒田官兵衛の、赤合子兜から透《す》けて見えてくる胸の内に迫った。

❖舅から赤合子を贈られる

黒田官兵衛こそは、稀代《きだい》の軍略家であった。秀吉が指揮した鳥取城攻めや備中《びっちゅう》(岡山県西部)高松城攻め、あるいは小田原攻めにおいても、官兵衛の献策がなければあれほど鮮やかに秀吉の手に勝利が転がり込まなかったと言われている。

特に、備中高松城を水攻めした際、本能寺の変を知り、うろたえる秀吉の耳元で官兵衛がささやいた一言が、あまりにも有名だ。

「おめでとうございます。これでご武運が開けましたな」

この官兵衛の一言によって秀吉は、ハッと我に返り、はじめて天下取りを意識するようになった。と同時に、

「この官兵衛という男は油断がならない。信用しすぎると、いずれ自分が足をすく

われる。折を見てほうり出さなくては……」と胸の内で誓ったと言われている。まさに、秀吉にとって官兵衛という存在は両刃の剣だったのである。

そんな官兵衛が愛用した赤合子兜だが、これは官兵衛が結婚する際、舅《しゅうと》となった播磨《はりま》国（兵庫県南西部）志方《しかた》城主の櫛橋伊定《くしはしこれさだ》から贈られたものとされている。

六枚張りの内鉢に、薄い鉄板でできた外鉢をかぶせて形成した兜で、外鉢には銀《ぎん》箔《ぱく》を押し、その上から透漆《すきうるし》をかけている。この技法を白檀塗《びゃくだんぬり》といい、化学変化によって独特の艶っぽい赤褐色《せきかっしょく》に仕上がるのだという。

前述したように合子とは、身と蓋が一対で成立する食器で、これを官兵衛に贈った舅の想いとしては「夫婦和合」を願ってのことであったろう。しかし、官兵衛の想いも舅と同じだったとかというと、少し違うような気がする。

✤混乱に乗じ周辺の城を落とす

官兵衛が夫婦和合を周囲に自慢するために、命のやりとりをする戦場でこの兜を何度もかぶったとはとても思えない。ここは人一倍野心家の官兵衛だけに、九州を、あるいは天下をこの器に見立て、そこに蓋をする（統一する）人物は自分以外にいないと誇示するために着用したのではないだろうか。

官兵衛は、天下分け目の関ヶ原では、家康の東軍に加担するよう、嫡男長政《ながまさ》に指示を出す一方、自身は居城の豊前《ぶぜん》国中津城（大分県中津市）から打って出て、関ヶ原に参陣して手薄になった西軍方の小倉《こくら》城や香春岳《かわらだけ》城、富来《とみく》城、安岐《あき》城などを次々と陥落させている。

混乱に乗じて周辺の城を奪う抜け目のなさは官兵衛の真骨頂といえよう。実はこのとき官兵衛には、電光石火の早業で九州を支配下においたのち、大軍を動員して中央へ攻めのぼり、関ヶ原では東西どちらが勝つにせよ勝ったほうは疲弊《ひへい》しきっているはずだから、そこを衝《つ》いて一気に天下の覇権《はけん》を握ってしまおうという壮大な野望があったという説がある。

真偽の程は定かでないが、官兵衛愛用の赤合子兜を見ていると、その説が真実味を帯びてくるから不思議だ。

この如水の赤合子は現在、もりおか歴史文化館（岩手県盛岡市）が収蔵している。また、福岡藩三代藩主黒田光之《みつゆき》が官兵衛をしのんで同様の兜を作らせており、そちらは福岡市博物館に保管されている。

鉄砲「墨縄」が語る立花宗茂と黒田長政の「弓 対 鉄砲」論争の結末

✤有効射程距離ではほぼ互角

戦国時代の二大投射兵器といえば、やはり、弓と鉄砲だ。

まず弓だが、その歴史は古く、日本では縄文時代から使われていたことがわかっている。その後、奈良・平安・鎌倉・室町と時代は変わっても合戦には欠かせない武器として重宝されてきた。

戦国時代に広く普及したのは、「四方竹弓《しほうちくゆみ》」と呼ばれる弓で、木の芯の四方に竹を貼り合わせていた。この構造により有効射程距離は五十〜七十メートルと飛躍的に伸びた。さらに、戦国時代も後期になると、竹と木をより複雑に組み合わせた「弓胎弓《ひごゆみ》」が登場し、有効射程距離はゆうに百メートルを超えるようになった。

一方の鉄砲は、戦国時代の中ごろにわが国に伝わり、以来、時代の追い風を受けてまたたく間に全国の大名に普及した。標準的な火縄銃の有効射程距離は百メートルほどで、弓とほぼ互角だった。のちのライフルのように弾丸が椎《しい》の実形をしておらず、銃身内部にライフルマーク（らせん状の溝）も切られていなかったため、命中精度は極めて悪かった。

ところが、鉄砲は弓と違って大した訓練をしなくても、たとえ農民上がりであっても簡単に扱えるという利点があり、いつしか合戦における投射兵器の主役の座は弓から鉄砲へと移行していった。

戦国の世も終焉《しゅうえん》を迎えようとしていたころ、二人の名のある大名同士が、弓と鉄砲、戦《いくさ》ではどちらが有利かをめぐって口角泡を飛ばして論争したことがあった。一体、その大名とは誰と誰で、そして論争のゆくえはどうなったのだろうか。

✤二人は有能な武将同士

この論争の当事者は、立花宗茂《たちばなむねしげ》と黒田長政《くろだながまさ》の二人で、ともに当時の九州を代表する有力大名である。

二人の略歴を紹介すると、まず立花宗茂。豊後国《ぶんご》（大分県）を本拠とした大友宗麟《おおともそうりん》に仕《つか》え、立花道雪《たちばなどうせつ》と並んで大友家の双璧と称えられた知勇兼備の武将・高橋紹運《たかはしじょううん》の長男として誕生した。

宗茂は十五歳のとき、男児が無かった立花道雪に懇願され、立花家に養子に入っている。その後成長した宗茂は、筑前国《ちくぜん》（福岡県北西部）の秋月氏《あきづき》や薩摩国《さつま》（鹿児島県）の島津《しまづ》氏らと激しい勢力争いを繰り広げた。

宗茂二十一歳のとき、豊臣秀吉《とよとみひでよし》による九州攻めが起こり、宗茂は主君の宗麟と共に秀吉に加担し、戦功を立てている。この功により宗茂は秀吉から筑後国《ちくご》（福岡県南部）柳川十三万石を頂戴し、大友氏から独立した直臣《じきしん》大名に取り立てられている。このとき秀吉は諸侯の前で「宗茂は忠義も武勇も九州随一である」と手放しで称賛したという。

関ヶ原の戦いでは石田三成《いしだみつなり》に加担したため、改易《かいえき》され一時浪人となるが、のちに旧領の筑後柳川を江戸幕府から与えられる。関ヶ原に西軍として参戦し、改易されたのち、旧領に復帰を果たした、唯一の大名となった。

一方の黒田長政。ご存じ、豊臣秀吉配下の智将・黒田官兵衛《くろだかんべえ》（孝高《よしたか》、如水《じょすい》）の嫡《ちゃく》男《なん》である。二十一歳で家督を相続。関ヶ原では徳川家康《とくがわいえやす》に味方し、調略家としての能力を如何《いかん》なく発揮、小早川秀秋《こばやかわひであき》や吉川広家《きっかわひろいえ》らを抱き込むことに成功している。戦後、長政はその功を認められ、筑前国五十二万石を頂戴している。

✤自説を枉げない鉄砲派の長政

そんな九州を代表する大名同士が論争でぶつかったのは、朝鮮出兵（文禄《ぶんろく》の役）でかの地に出陣していたときのことだった。碧蹄館《へきていかん》の戦いで激闘の末に日本軍が勝利し、その戦勝祝いの酒宴が宇喜多秀家《うきたひでいえ》の陣営で開かれているさなかに、一座は弓と鉄砲（火縄銃）とどちらが戦《いくさ》の役に立つかという話で盛り上がり、なかでも立花宗茂と黒田長政は互いに自説を主張して譲らなかった。このとき宗茂は二十七歳、長政は一つ下の二十六歳。

まず、自らの鉄砲の腕前に自信を持っていた長政が、

「弓矢は風の影響を受けやすく、的に当てるのはかなり難しい」

と述べたあと、

「これからの時代、もはや戦に弓は必要ないのではないか」

とまで言い出す始末だった。長政がここまで鉄砲を推《お》したのには理由がある。このたびの朝鮮出兵では日本軍が持ち込んだ鉄砲が勝利に大きく貢献していた。当時の朝鮮軍の兵士は鉄砲の存在をほとんど知らず、日本軍が駆使した鉄砲の集団使用に為《な》す術《すべ》なく追い立てられていたからだった。

そこに異論を挟んだのが、宗茂だ。飛翔する鴨《かも》をただの一矢で射落したこともあるほど、宗茂は日置《へき》流弓術の達人だった。

「わたしはそうは思わない。なぜなら鉄砲は雨が降れば使えないではないか。どんな武器にも一長一短はある。状況に応じて使い分ければよいだけのことだ」

と述べたが、長政が断固として自説を枉《ま》げなかったため、それならこの場で実際に弓と鉄砲とで勝負をしてみようということに一同の意見はまとまった。いかにも戦国の世らしい決着のつけ方である。

✤一陣の突風が勝敗を分ける

長政が「墨縄《すみなわ》」と命名した愛用の火縄銃を提《さ》げれば、宗茂も「立左《りっさ》」と名付けた愛用の弓を提げていた。「墨縄」とは、大工道具の一つで、木材にまっすぐした線を引くときに使う墨壺《すみつぼ》の墨縄から命名したものだった。弾丸がまっすぐ飛ぶことを願っての命名であろう。一方、「立左」とは、立花左近将監《さこんのしょうげん》（左近将監は官位の一つ。つまり宗茂自身のこと）を略したものという。

審判役は宇喜多秀家。狙う的は、二十メートルほど離れた立木の枝に吊り下げられた笄《こうがい》（整髪用具）。もしもこの勝負に敗れた場合、負けたほうが自分の武器を相手に譲るという取り決めだった。

最初に、宗茂がきりりと弓弦《ゆづる》を引き絞り、一瞬間をおいてから、ひょう、と矢を放つと、矢は笄に向かって一直線に飛び、見事に命中した。続いて、長政。心気を澄まして銃を構え、引き金を絞った次の瞬間、轟音《ごうおん》と共に弾丸は発射されたが、笄には当たらず、後方の土壁にめり込んだという。

長政が引き金を絞ると同時に、あたりに一陣の突風が吹き、笄を揺らしたために狙いが狂ったのである。再挑戦を申し出たとしても一座の誰も文句を言わなかったであろうが、長政はさすがに潔《いさぎよ》かった。

自分の負けを認め、愛用の「墨縄」を宗茂に譲ろうとしたところ、宗茂が、

「それは受け取れません。今回は某《それがし》が勝ちましたが、条件が違えばどうなっていた

かわからないでしょう。某こそ甲斐守殿《かいのかみどの》（長政のこと）の潔い態度に感服しました。これをぜひ受け取っていただきたい」

そう言って、愛用の「立左」を長政に差し出した。

「いや、それは困る……」と長政。

✤現代に伝わっている墨縄

二人は互いに相手の武器を受け取らないものだから、そこに審判役の宇喜多秀家が割って入り、こう言った。

「左近将監殿は勝負に勝った証《あかし》として鉄砲を受け取り、甲斐守殿は両家の友好の証として弓を受け取ってはいかがでござろう」

この申し出に異論はなかった。二人の武将は快《こころよ》く相手の武器を受け取ったという。

――これが黒田長政と立花宗茂の間で行われた、弓対鉄砲の勝負の顛末《てんまつ》である。なお、長政から宗茂に贈られた火縄銃「墨縄」はその後も立花家が家宝として大切に秘蔵し、現在は柳川市にある立花家史料館の所蔵品となっている。

豊臣秀吉がしでかした、歴史に残る大愚行と非難されることが多い朝鮮出兵だが、そんな殺伐とした侵略戦のなかで行われた、この弓対鉄砲の勝負が一服の清涼剤となっていることがせめてもの救いであろう。

前田利家愛用の「陣中算盤」が語る猛将から智将への道のり

✤武将にすれば異例中の異例

個性《キャラクター》の強い戦国武将ほど意外な一面を持っているとよく言われる。

たとえば織田信長《おだのぶなが》。夫（羽柴秀吉《はしばひでよし》）の女遊びにいつも悩まされている妻おねが、信長に泣きついたところ、後日信長から「あやつ（秀吉のこと）がお前以上の女を見つけられるものか。お前は奥方なのだから、どっしりと構えていなさい」と、正妻としての心得を説く人情味あふれる手紙が送られてきた。比叡山を焼き尽くし、一向宗徒を根絶やしにしようとした、あの稀代《きだい》の魔王・信長が、である。

賤ヶ岳《しずがたけ》の七本槍として豪傑のイメージが強い福島正則《ふくしままさのり》の場合、正室・照雲院《しょううんいん》にいつも頭が上がらなかった。浮気をしてこっそり帰宅した日など、薙刀《なぎなた》を引っ提《さ》げた照雲院が玄関に待ち構えていて、屋敷中を追い掛け回されたという。また、関ヶ原の戦いでは敵中を正面突破し武名をとどろかせた〝鬼島津〟こと島津義弘《しまづよしひろ》はたいへんな猫好きだった。かわいがっていた猫が亡くなるとその死を弔《とむら》うため専用の神社を造営するほどだった。この「猫神神社」は鹿児島市内に現存する。

加賀百万石前田家の礎《いしずえ》を築いた前田利家《まえだとしいえ》にも、あまり知られていない一面があった。それは、およそ「猛将」の名にふさわしくない、経理に明るいという一面である。そのことを証明する小道具として、前田家伝来の古美術品などを保存管理する前田育徳会には、現存する物としては日本でも指折りの古さを誇る算盤《そろばん》が一挺《ちょう》収蔵されている。この算盤は利家の愛用品だという。

当時は算盤自体が珍しく、それも武将が使いこなすのは異例中の異例。一体、なぜ利家は算盤を愛用したのだろうか。

✤戦場ではつねに抜群の働き

前田利家は天文《てんぶん》七年（一五三八）十二月二十五日、尾張《おわり》国荒子村（名古屋市中川

区）で、荒子城主前田利春《としはる》の四男として誕生した（生年については異説あり）。通称は又左衛門《またざえもん》。若いころは竹馬の友であった秀吉の一つ年下だ。

十代前半で織田信長の小姓《こしょう》となり、やがて信長の親衛隊・母衣衆《ほろしゅう》を任されるまでになるが、二十一歳のとき、信長お気に入りの茶坊主と諍《いさか》いを起こし、これを斬殺して出奔《しゅっぽん》。浪人暮らしを余儀なくされる。

その後、桶狭間《おけはざま》の戦いで信長に無断で参加し、今川方の将兵の首を三つ取る活躍を見せるが、信長は帰参を許さなかった。その翌年の西美濃《みの》攻略（「森部の戦い」）でも無断参戦し、斎藤龍興《さいとうたつおき》方の豪傑を討ち取るなど目覚ましい戦功を立てたことで、ようやく帰参が許された。

こののち利家は織田軍を代表する勇将「槍の又左」として、信長が起こしたほとんどすべての戦《いくさ》に参加し、つねに衆目を集める活躍をみせた。利家は、当時としては珍しい身の丈《たけ》六尺（百八十センチ）を超える大男で、膂力《りょりょく》も強く、長大な槍を軽々と扱い、無人の野を行くが如く戦場を駆け回ったという。

本能寺の変の前年、天正《てんしょう》九年（一五八一）には信長から能登《のと》一国を与えられ、大名となる。本能寺後、羽柴秀吉と織田家の重臣・柴田勝家《しばたかついえ》が権力争いを始めると、利家は勝家の与力となっていた関係で、いったんは勝家につく。ところが、若いころは竹馬の友であった秀吉に刃《やいば》を向けることはできないと、賤ヶ岳の戦いでは合戦に参加せず、静観する立場をとっている。この利家の不参戦によって、秀吉方に勝利がころがりこんだのは疑いのない事実である。

✤利家の下で結束する有力大名たち

秀吉が天下の権を握ると、利家は秀吉の忠実な家臣として、ときに戦場を駆け回り、ときに内政の相談役として豊臣政権を支えた。こうした功が認められ、文禄《ぶんろく》三年（一五九四）には秀吉の計らいで上杉景勝《うえすぎかげかつ》や毛利輝元《もうりてるもと》より一足早く従三位《じゅさんみ》・権《ごん》中納言《ちゅうなごん》に任ぜられている。

このことは秀吉が、徳川家康に対抗しうる唯一無二の存在として、さらにまた豊臣氏を補佐する立場の最右翼として利家を指名したようなものだった。それほど秀吉は利家のことを買っていたのである。

秀吉の晩年になると利家は、豊臣政権を支える五大老・五奉行のうち、徳川家康らと並んで五大老の一人として政権を担った。

ところが、慶長《けいちょう》三年（一五九八）八月に秀吉が没すると、家康が少しずつ勝手なふるまいに及ぶようになり、五大老・五奉行制度は綻《ほころ》びを見せ始める。しかし、利家がまだ健在なうちは秩序がかろうじて保たれていた。

秀吉子飼いの福島正則や加藤清正《かとうきよまさ》らに加え、秀吉の息がかかった有力大名（細川《ほそかわ》忠興《ただおき》、宇喜多秀家《うきたひでいえ》、池田輝政《いけだてるまさ》ら）は皆、利家のことを尊敬していた。彼らは利家の下で固く結束していたのである。したがって家康は、今ここで戦を始めても到底勝ち目はないと冷静に読んでいた。

ところが、秀吉が死んだ翌年、利家が大坂の自邸で病没する。享年六十一。それは関ヶ原の戦いが起こる前年の閏《うるう》三月のことだった。この利家の死によってそれまでの利家派の大名たちは要《かなめ》を失った扇のようにバラバラ状態になり、パワーバランスは一気に家康方に傾くのであった。

利家があと五年、いやあと三年健在だったら、その後、すんなり徳川の天下が訪れていたかどうかはわからない。

若いころの武辺一辺倒から、年を経《へ》るに従い豊臣政権をその双肩に担う政治家へと見事な変貌《へんぼう》を遂げた利家。そんな利家が、戦場に出るときはもちろんのこと、つねに手許《てもと》に置いていたのが、算盤だった。

✤前田家の決済は利家自ら

室町時代後期に中国からわが国に伝来した算盤は、これまで利家の愛用した「陣中算盤」が現存する国内最古のものとされていたが、ごく最近になり、それより若干早い天正十九年（一五九一）に秀吉が黒田官兵衛《くろだかんべえ》の家来に与えたという算盤が大阪市内で見つかったため、利家のそれは二番目に古い算盤となった。

利家の陣中算盤は、縦七センチ、横十三センチと小型で、桁《けた》（珠《たま》を貫いている縦の棒）は銅線、珠は獣骨でできていた。これを利家は絶えず懐《ふところ》に入れて持ち歩き、前田家の決済は金額の多寡《たか》を問わず、自分で行ったという。

利家は普段から吝嗇家《りんしょくか》として知られており、そのことをしばしば妻のまつにからかわれていた。あるときなど、利家が算盤をはじきながら金勘定をしていると、「そんなに兵を増やすのが勿体《もったい》無いと思うなら、そのお金に槍を持たせて戦に連れていったらどうですか」と言われる始末だった。

しかし、およそ戦国大名で、吝嗇でなかった者はまず一人もいなかった。そうでなければ、とてものこと大勢の家来を養ったり、戦に出たりできなかったからだ。例えば、徳川家康は利家に輪をかけて吝嗇だった。こんな逸話がある。

厠《かわや》から用を済ませて出て、洗った手を紙で拭こうとしたところ、紙が風で吹き飛ばされてしまった。家康はあわててその紙を追いかけたが、たかが紙一枚でと近習《きんじゅう》たちが笑うと、家康はこう言ってたしなめた。

「わしはこうやって天下を取ったのじゃ」

✤借金の催促は無用

しかし、利家はただの吝嗇家ではなかった。それを証明するこんな話がある。秀吉も恐れたほどの戦国武将・蒲生氏郷《がもううじさと》があるとき人から、次の天下人はやはり家康になるのでしょうかと尋ねられ、

「わしは前田利家だと見ている。利家には他人に分を過ぎた知行《ちぎょう》（領地）を与える器量があるが、家康にはそれが無いからだ」と言ったという。

また、利家が伊達政宗《だてまさむね》ら多くの大名から借金を申し込まれ、それを融通していたのも事実である。その際、側近には「こちらから借金返済の催促をしてはならぬ。

もしも返せなかったら、黙って棒引き（帳消し）にせよ」と命じたという。利家の人柄がしのばれて興味深い。

　利家がなぜ吝嗇家になったかといえば、若いころに信長寵愛《ちょうあい》の茶坊主を斬って織田家を飛び出たことと無縁ではない。このとき、結婚したばかりのまつやわずかな家来を抱えて三年余りも侘《わび》しい浪人生活を過ごしており、その三年間で金がないことの辛さ、情けなさを骨身にしみて感じたからだという。

　それにしても、六尺豊かな大男が長槍を振り回す代わりに、手のひらにのるほどの小さな算盤に向かって、背中を丸めながらパチパチと珠をはじいている姿を想像するとどこかユーモラスだ。戦国の猛将・前田利家は人一倍、お金のありがたみを知る武将でもあったのだ。

名入りの木札を戦場にばら撒いた塙団右衛門の真意とは

✤大坂方にいた三人の豪傑

お隣・中国には永い歴史のなかで「豪傑」と呼ばれた武将が数多《あまた》いる。思いつくままに名前をあげると、強国・秦《しん》を滅ぼし、のちに劉邦《りゅうほう》と天下の覇権《はけん》をかけて争った楚《そ》の項羽《こうう》、劉邦の家来で、「鴻門《こうもん》の会《かい》」において劉邦の危機を救った樊噲《はんかい》、『三国志』に登場する関羽《かんう》、張飛《ちょうひ》、呂布《りょふ》ら、さらに南宋《なんそう》の武将で救国の英雄とされる岳飛《がくひ》などもその豪傑の範疇《はんちゅう》に入るだろう。

正義感が強く、並外れて武勇に優れ、ときどきへ、まもするが、それでいてどこか愛嬌がある――われわれ日本人もそんな豪傑が大好きだ。徳川と豊臣の最終決戦となった大坂の陣においても、天下に聞こえた三人の豪傑が大坂方にいたことをご存じだろうか。

まず、薄田《すすきだ》隼人正《はやとのしょう》（兼相《かねすけ》）。前身は、狒狒《ひひ》退治で知られる伝説的武芸者・岩見重太郎とも言われる人物だ。続いて、諸国を放浪して食い詰めたあげく坊さんにもなったことがある塙団右衛門《ばんだんえもん》（直之《なおゆき》）。最後は、槍《やり》の又兵衛と称され智勇を兼ね備えた武将として有名な後藤又兵衛《ごとうまたべえ》（基次《もとつぐ》）だ。

本項ではこの中から、塙団右衛門を取り上げてみた。団右衛門は大坂冬の陣において、奇襲戦を見事に成功させて敵陣を離れる際、士卒らに自分（団右衛門）の名前が入った木札を道々にばら撒かせたという。なぜ団右衛門は古今の戦史にも例がないこんな不可思議な行動をとったのだろうか。そのあたりの謎に迫った。

✤命令違反で追放の憂き目に

塙団右衛門の生年ははっきりしない。永禄《えいろく》十年（一五六七）誕生説を信じれば、真田幸村《さなだゆきむら》（信繁《のぶしげ》）や伊達政宗《だてまさむね》と同年齢ということになる。出生地も諸説あってはっきりしないが、遠州横須賀《えんしゅうよこすか》（静岡県掛川市）説が有力という。むろん、父親などその素性もわかっていない。

団右衛門の名前が史料に登場するのは、豊臣秀吉《とよとみひでよし》が行った朝鮮出兵あたりからで、このころ、縁があって賤ヶ岳《しずがたけ》の七本槍の加藤嘉明《かとうよしあき》の家来になっている。団右衛門は朝鮮出兵の際は、日の丸が描かれた大きな旗指物《はたさしもの》を背負ってたびたび武功をあげた。寡勢《かぜい》で敵の船を奪ったこともあったという。

こうした活躍が認められ、帰国後、団右衛門は嘉明から鉄砲頭の地位と一千石の禄《ろく》を頂戴することになる。団右衛門の前途は大きく開けたのであった。

ところが、関ヶ原の戦いで団右衛門は大失態をしでかしてしまう。このとき団右衛門は徳川家康《とくがわいえやす》の東軍に属した主君嘉明に随《したが》って参戦したが、嘉明から、

「敵が陣形を整えない前に誘い出してこい。すでに陣形を整えていたら、そのまま何もせず戻ってこい」

と命令され、鉄砲隊を引き連れ、勇躍、出撃した。前線に行ってみると、敵はすっかり陣形を整えていた。このとき団右衛門は「このまま命令通りすごすごと戻ったのでは塙団右衛門の男が廃《すた》る。敵に後ろを見せることだけは死んでも御免蒙《こうむ》る」と考えたらしく、鉄砲隊に命じて敵陣に一斉射撃を行ったのち、意気揚々と引き揚げていったという。

きっと主君からお褒《ほ》めの言葉を頂戴するだろうと思っていると、案に相違して嘉明は激怒し、「お主のような命令を聞かぬ者は、一隊を預かる将の器にあらず。も

団右衛門（中央）の朝鮮出兵での活躍を描いた掛軸

はやわしの家来ではない。どこへでも立ち去るがよい」と追放を命じられてしまう。

✤還俗して大坂城に入る

このとき、団右衛門は負けじと口答えしたため、嘉明はますます怒り、しまいには諸侯《しょこう》に召し抱えないよう促す「奉公構《ほうこうかまえ》」を出すほどだった。これにより団右衛門の武士としての再就職の道は断たれてしまった。

ところが、捨てる神あれば拾う神ありだ。嘉明よりも格上の小早川秀秋《こばやかわひであき》が嘉明に遠慮することなく、団右衛門を一千石で召し抱えてくれたのだ。しかし、その秀秋が若死にして主家が断絶すると、再び浪人となる。ついで、徳川家康の四男の松《まつ》平　忠吉《だいらただよし》に仕《つか》えるが、忠吉も二十八歳という若さで急死し、またも主家の断絶によって浪人することに。どこまでも運がない団右衛門だった。

その後、加藤嘉明と同じ賤ヶ岳の七本槍の福島正則《ふくしままさのり》に仕えることがかなう。これでようやく一安心と胸をなでおろしていると、加藤嘉明から奉公構を楯《たて》に取って福島家に猛抗議が入り、ここでも居られなくなってしまう。団右衛門は、もう何度目の浪人か自分でもわからなくなってしまったという。

半《なか》ば自棄《やけ》になった団右衛門は武士の道を諦《あきら》め、京都の妙心寺に入って僧侶となり、「鉄牛《てつぎゅう》」と号した。鉄牛とは『水滸伝《すいこでん》』に登場する愛すべき好漢、黒旋風李逵《こくせんぷうりき》の異名である。おそらく団右衛門は、李逵の武勇にあやかろうと、その名を頂戴したのであろう。四十代前半のころと思われる。

慶長《けいちょう》十九年（一六一四）、大坂冬の陣が始まると、団右衛門は眠っていた豪傑の血が騒ぎ始めたらしく、ただちに還俗《げんぞく》すると、大坂城に入った。江戸幕府方に加わらなかったのは、すでに幕府方には有力武将が綺羅《きら》星の如く加担しており、一兵卒がどんなに活躍してもうまみは少ないと冷静に判断したからだった。その点、豊臣方なら、うまくいけば大名にもなれると算盤《そろばん》をはじいたのである。

❖夜襲は大勝利に終わる

大坂城に入った団右衛門は、浪人衆の一人としてさっそく大野治房《おおのはるふさ》（豊臣秀頼《とよとみひでより》の側近・大野治長《はるなが》の弟）の配下に加えられた。

その後、城に籠《こも》る豊臣方と寄せ手の幕府方との間で和議の気運が高まってくると、団右衛門は敵陣に夜襲戦を仕掛けてはどうかと大野治房に持ちかけた。和議の交渉が始まる前に豊臣方の意気盛んな様子を幕府方に見せつけておけば、交渉をこちらの有利なうちに進められるはず、と治房を説《と》いたのである。穏健な兄治長と違って抗戦派だった治房は、この話に乗った。

当日、団右衛門に率いられた襲撃隊約百五十人が、夜陰に乗じて城を抜け出ると本町橋を渡り、城の西側に布陣していた蜂須賀至鎮《はちすかよししげ》の重臣・中村右近《なかむらうこん》の陣に突撃した。結果的にこの「本町橋の夜討ち」は、団右衛門側の大勝利に終わった。寝込みを襲われた中村右近隊は、百人とも百五十人とも言われる犠牲者を出したという。

この戦いでは、団右衛門は自ら戦闘に加わることがなく、本町橋の上で仁王立ちし、采配《さいはい》を振るって士卒を鼓舞《こぶ》したという。しかも、さんざんに敵陣を蹂躙《じゅうりん》して引き返す際、士卒らに、

「この夜討ちの大将は、塙団右衛門直之なり」

と書かれた木札（名札）を道々にばら撒かせてもいた。一体、団右衛門はなぜこんなことをさせたのだろうか。

その理由は、ひとえに旧主加藤嘉明にアピールするためだった。当時、嘉明は福島正則らと共に家康から江戸の留守を命じられ、この冬の陣には出陣していなかっ

たが、遠く江戸にいる嘉明に自分の活躍を知らしめる狙いだったのだ。

✤最期は先陣争いで散る

かつて嘉明から「将の器にあらず」と酷評され放逐《ほうちく》されたことが、団右衛門のような男にとっては死にも勝る屈辱だったのだ。それ以来、団右衛門は汚名返上の機会を一日千秋の思いでうかがっていたのである。

ただ名札を撒くだけなら、自分の名前を記《しる》すだけでよいのに、わざわざ「大将」と添えたところに、団右衛門の真意が読み取れる。きっと団右衛門は、このたびの夜戦はほかの誰でもない、この塙団右衛門が大将となって指揮したからこそ、勝利をつかむことができたのだ――と旧主嘉明に胸を張りたかったに違いない。

子供っぽいと言ってしまえばそれまでだが、いかにも人生の大半を戦場で過ごしてきた男の愛すべき稚気《ちき》であると言えよう。

そんな団右衛門も、年が明けて夏の陣を迎えると、幕府方の浅野長晟《あさのながあきら》隊と交戦し（「樫井《かしい》の戦い」）、壮絶な討ち死にを遂げてしまう。その死に様は、抜け駆けの功を焦って味方の岡部則綱《おかべのりつな》と無用な先陣争いをし、落とさなくてもよい命を落としたのだった。享年四十九。

加藤嘉明が見抜いていた通り、やはり塙団右衛門は将にはなりきれない男だったのである。

騎乗でも酒が飲める「馬上盃」から上杉謙信の胸中をたどる

✤毎日朝から呑んでいた政宗

戦国武将というと「斗酒《としゅ》なお辞《じ》せず」のイメージがあり、一人残らず酒に強いと勝手に思い込みがちだが、実際のところはどうだったのだろう。時代こそ違え、彼らだって現代のわれわれ同様、うれしいときはその喜びをかみしめるために、悲しいときはその憂《うれ》いを払うために、盃《さかずき》を傾けたはずである。本項では、そんな戦国武将の中から特に酒にまつわる逸話が多い「ビッグ・スリー」を集めてみた。そこから彼らの新たな一面を知ってもらえれば幸いである。

まず、先陣は独眼竜伊達政宗《だてまさむね》。天下を狙う器と言われながら、関ヶ原の戦いでは徳川家康《とくがわいえやす》に加担し、以来、徳川幕府の忠実なる外様《とざま》大名として生き残る道を選ぶ。政宗という人は戦国武将には珍しい食道楽で、酒もよく呑《の》んだ。したがって、酒のうえでの失敗は数知れなかった。

二〇一七年一月、仙台藩祖伊達政宗の酒癖を物語る直筆の手紙が、元会社役員の男性から宮城県大崎市に寄贈され、報道機関に公開された。それは政宗が数え四十四歳だった慶長《けいちょう》十五年（一六一〇）十月十七日に書いたもので、信濃《しなの》松本藩主石《いし》川康長《かわやすなが》に宛《あ》てたわび状だった。そこには「招待には応じられない」と書かれ、その理由として「きょうは朝から夕方まで呑み続けたので、すっかりくたびれてしまいました」と言い訳がつづられていた。

今日、政宗直筆の献立表が伝わっているが、それを見ると、ほとんど朝から一盃《いっぱい》やっていたことがわかるという。

✤城内に酒造場まであった

こんなこともあった。酔ったはずみで小姓《こしょう》の言い訳が気に食わなかった政宗は、その小姓の頭を刀の鞘《さや》でポカリと殴り、怪我《けが》をさせてしまった。翌朝、しらふに戻った政宗はすっかり後悔し、その小姓宛てに手紙を書き「酒のせいとはいえ怪我をさせてすまない。治ったら戻ってきておくれ」と素直に謝罪している。また、徳川二代将軍秀忠《ひでただ》との約束を二日酔いですっぽかしたこともあったという。

城内に酒造所を設けていた殿さまも、この政宗くらいだろう。昔から噂でそのことが語り継がれてきたが、近年の発掘調査で、仙台城三の丸跡から酒造りに欠かせない政宗時代の遺物が多数発見され、そのことが立証された。その酒造場では、今日で言うところのハーブ酒から果実酒、焼酎、ワインなどざっと三十種類もの酒が造られていたという。

なかには今では製造方法がわからなくなった酒もある。それが「印籠酒《いんろうしゅ》」だ。酒を特殊製法で粉末化したもので、印籠に詰めて携帯し必要なときにお湯で溶いて呑んだという。明治時代まで少し残っており、その粉末で一〜二升の酒ができたらしい。当時、酒を粉末にする技術があったとは驚きだが、それよりも、そこまでして酒を呑みたかった政宗の酒にかける執念には脱帽するしかない。

このように酒を愛し、ときには酔って失敗することもあった政宗。奥州の覇王《はおう》という尊称にはふさわしくない軽率さだが、そうした人間臭いところを人前に晒《さら》すことで、「自分はもはや天下をうかがう野心など毛頭ありません」と幕府に対し無言のアピールを行ったのだという。それによって幕府の外様大名の取り潰《つぶ》し政策からのがれようとする政宗一流の深謀遠慮《しんぼうえんりょ》だったというのだが、はたして真相は――。

✤泥酔して家来に切腹を命じる

次は、豊臣秀吉の股肱《ここう》の臣にして戦国きっての荒武者・福島正則《ふくしままさのり》。正則も酒のうえでの失敗には事欠かない。酒癖も悪く、泥酔《でいすい》した翌朝は自分のやったことをまるっきり覚えていないという、タチの悪いものだった。最も有名なのが、本書中の別項でも紹介した、黒田家の母里太兵衛《ぼりたへえ》に名槍《めいそう》日本号を「呑み取られた」話であろう。

ほかにも、こんな話がある。

ある日のこと、いつものように機嫌よく酒を呑んでいたが、泥酔してくると突然何事か思い出したらしく、柘植清右衛門《つげせいえもん》というお気に入りの家来を呼びつけた。そして、清右衛門に対し、自分の言いつけが家来どもに守られていないのはお前が怠《たい》慢《まん》だからだと怒りだし、しまいには切腹を命じてしまう。

これは正則の思い違いで、清右衛門は一切命令を受けていなかったのだ。しかし、清右衛門は一言の弁明もせず、その場を下がると、即座に切腹して果てた。翌朝、正則は何気なく清右衛門を呼び出そうとすると、近侍《きんじ》の者が怪訝《けげん》な顔つきで、「清右衛門殿は昨晩、殿さまのお言いつけにより自害いたしましたが……」。

「なにっ?!」と驚く正則。そこではじめて近侍の者から昨晩の自分と清右衛門とのやりとりを聞き、愕然《がくぜん》とする。正則はただちに自害した清右衛門の首を持ってこさせると、人目もはばからず、おんおんと泣いて清右衛門にわび続けたという。

✤領土拡張の野心を持たず

最後は、越後《えちご》の龍・上杉謙信《うえすぎけんしん》。戦国期を見渡して、「酒豪」という形容が最もふさわしい武将だろう。

戦《いくさ》を芸術の域に高めたと称された謙信は、領土拡張という野心を持たなかった、稀有《けう》な戦国大名だ。毘沙門天《びしゃもんてん》を信仰し、その代償として生涯不犯《ふぼん》を誓《ちか》い、常に「義」のために戦場を駆けまわるというストイックな生き様を貫いた。

そんな謙信がこよなく愛したのが、酒だった。それを如実に物語る遺品が、謙信

「義」のために戦場を駆け回った上杉謙信

を祀《まつ》る上杉神社（山形県米沢市）の宝物殿に伝わっている。謙信愛用の二種類の盃「春日盃《かすがはい》」と「馬上盃《ばじょうはい》」がそれである。

春日盃は、木製朱漆《しゅうるし》塗りで、口の広いぐい呑み形の酒器。口径十センチ、深さ六・五センチ。謙信が居城を置いていた春日山（新潟県上越市）の山容を模したものであろう。この盃を片手に、庭の草木を眺めながら一人静かにグビグビやるのが、謙信のなによりの楽しみだった。酒の肴は梅干しときまっていて、ときには味噌や塩をなめることもあった。また、いくら呑んでも乱れることはなかったという。

馬上盃は、文字通り馬に乗ったままで酒を呑むときに便利な盃。もともと中国内陸部やモンゴルから伝わったものだ。盃の下に脚《あし》（持ち手）が付き、この脚を持てば、不安定な馬上でも酒をこぼさずに呑めるという。

謙信が愛用した馬上盃は、中国・明《みん》時代の作（七宝焼）で、内側は金箔《きんぱく》仕上げ、外側は水色の地に菊花文様が色とりどりの七宝であしらわれている。盃本体の寸法は口径十二センチ、深さ五センチ。酒が三合近く入るという。

戦国武将が好んだ酒器というと武骨でシンプルなものをイメージしがちだが、現代の若い女性にも好まれそうな華やかでかわいい一品だ。馬上の謙信が、この盃でさもうまそうに酒を呑んでいる姿を想像すると、何となく微笑ましく思える。

✤一期の栄華、一盃の酒

いくら酒好きといっても、馬で移動するときにまで呑まなくてもよさそうだが、これには謙信なりの理由があった。

謙信はその生涯で二十回以上も越後国からの国外遠征を行っていた。そのうち約半分の十三回が関東出兵だ。当時、謙信にとっての二大強敵として甲斐国《かい》（山梨県）の武田信玄《たけだしんげん》と相模国《さがみ》（神奈川県）の北条氏康《ほうじょううじやす》がいて、この二人に領土を侵略された諸豪族から救援要請が入ると、謙信はそのつど律義《りちぎ》に出陣した。

わけても北条氏康はなかなかの策士で、きまって雪国の謙信が兵を動かしにくい冬季を狙って関東の諸州に侵略の手を伸ばした。すると、謙信はどうしても厳寒の三国峠《みくにとうげ》を越えることになり、寒さ対策は必須だったのだ。そこで、つい馬上でも体を温めるために酒を呑んでしまったという次第。

しかし、この酒好きが祟《たた》ったものか、謙信は四十九歳で亡くなった。脳卒中だったらしい。死の間際に次のような辞世とも言える句を詠《よ》んでいる。

四十九年《しじゅうくねん》　一睡《いっすい》の夢
一期《いちご》の栄華《えいが》　一盃《いっぱい》の酒

権謀術数《けんぼうじゅっすう》渦巻く戦国乱世に、ひとり義を貫いた謙信にとって、人生は短く、栄光も一瞬、一盃の酒のようなものだったのである。

その後の時代を変えてしまった大友宗麟の大砲「フランキ砲」とは

✤空から鉄の玉が降ってくる恐怖

日本に「大砲」が新兵器として外国から伝わったのは、戦国期の天正《てんしょう》四年（一五七六）と言われている。それはポルトガル人宣教師から九州の雄・大友宗麟《おおともそうりん》に対し贈られたものだった。

当時は「フランキ砲（仏狼機、仏郎機とも）」、あるいは「石火矢《いしびや》」と呼ばれた。フランキとは、東方（主に中国）から見て「西洋人」一般を指し、日本で言う「南《なん》蛮人《ばんじん》」と同義である。インド西海岸のゴアで製造されたもので、もともと艦載《かんさい》用の火器だった。砲弾は球形で、のちの炸裂弾《さくれつだん》ではなかった。したがって、被害はごく限定的だったという。

とはいえ空から鉄の玉が降ってくるのはやはり恐怖だ。しかも、耳を聾《ろう》するばかりの発砲音とあいまって、当時の人々が受けた衝撃には計り知れないものがあった。このころのフランキ砲の有効射程距離は三百メートル前後とみられている。

戦国期の終盤に突如現れたこの大砲という新兵器を、当時の権力者たちはどう見ていたのだろうか。本項では、戦国三大英傑（織田信長《おだのぶなが》、豊臣秀吉《とよとみひでよし》、徳川家康《とくがわいえやす》）の大砲とのかかわり方にスポットを当てた。

✤靖国神社に国崩しの実物が

戦国武将の中で、大砲にいち早く関心を示したのが、豊後国《ぶんご》（大分県）の大友宗麟と尾張国《おわり》（愛知県西部）の織田信長の二人だったと言われている。

宗麟の場合、このポルトガル人宣教師から贈られたフランキ砲を「国崩《くにくず》し」と呼んだ。発砲時の天地を揺るがす大音響から命名したものであろう。この国崩しは天正十四年（一五八六）、大友領内に攻め込んできた薩摩《さつま》国（鹿児島県）の島津《しまづ》の軍勢を追い払うのに用いられており（「丹生島《にゅうじま》城の戦い」）、これがわが国で大砲が実戦で使われた嚆矢《こうし》とされている。今日、東京の靖国《やすくに》神社に保存されている大砲が、その国崩しだという。

さて、天正四年に新兵器・大砲を手に入れた宗麟は、これをモデルにさっそく領内で量産化に乗り出した。さいわい、豊後は良質の砂鉄が採《と》れたことから鋳物《いもの》技術が受け継がれており、優れた鋳物師集団がいた。

ところが、天正六年の「耳川の戦い」で島津軍に大敗してからというもの、大友氏の家運は衰退の一途をたどり、大砲生産も後回しとなっていく。そして、島津軍を領内から追い払った翌年の天正十五年、宗麟が亡くなると、豊後における大砲製造は完全に途絶えてしまったのである。

一方、宗麟とは別の道筋で大砲の量産化に挑んだのが、織田信長である。新奇なるものにはまっ先に飛びつく性格の信長だけに、火器にも早くから注目していた。なにしろ、種子島《たねがしま》に鉄砲が伝来してそのわずか六年後には近江《おうみ》国（滋賀県）国友村の鍛冶《かじ》に、鉄砲五百挺を注文しているほどである。このとき信長はまだ数え十六歳

大友宗麟が築いた臼杵城跡に置かれたフランキ砲のレプリカ

の若者。織田家の家督を継ぐ二年前のことである。

✤大砲の威力を再確認する信長

信長は、甲斐《かい》国（山梨県）武田《たけだ》氏との決戦が近付くと（のちの「長篠《ながしの》の戦い」）、国友村に三千挺の鉄砲を発注したが、このとき大砲の試作も命じている。これが、信長にとって大砲との最初のかかわりだった。信長は、欧州からやってきた伴天連《ばてれん》（キリスト教の宣教師）たちから大砲の存在を聞いて知っており、一刻も早くその新兵器を自分のものにしたかったのである。

こうして完成した大砲は、長篠の戦い

から三年後の天正六年（一五七八）、石山本願寺との合戦で使われた。それは、大坂湾頭・木津川口《きづがわぐち》において繰り広げられた海戦「第二次木津川口の戦い」で、本願寺方の毛利《もうり》の軍船を蹴散《けち》らすのに抜群の威力を発揮したのである。

織田方ではこの海戦のために、火災に強い鉄板張りの船――鉄甲船《てっこう》を六隻《せき》建造したが、六隻それぞれに国友鍛冶が製造した大砲を三門ずつ備えていたという。弾丸は通常の種子島鉄砲の約三十倍（二百匁《もんめ》＝七百五十グラム）あったというから、おそらく大きさはテニスボール（直径七センチ弱）よりひと回り小さいくらいだろう。そんな鉄の塊《かたまり》が猛スピードで飛んでくるのだから、たまったものではない。毛利方の軍船が尻に帆をかけて大坂湾から逃げ出したのも無理はなかった。

この海戦で大砲が持つ恐るべき威力を改めて思い知った信長は、大砲や鉄砲の製法が他国へ漏れないよう、股肱《ここう》の羽柴《はしば》（豊臣）秀吉に長浜城（滋賀県長浜市）を任せ、国友鍛冶を織田の統制下に置いたのである。

ところが、そんな信長も第二次木津川口の戦いから四年後に本能寺で倒れ、秀吉が天下の覇権《はけん》を握ると、日本における大砲の価値は一転、急落してしまう。なぜなら、秀吉が大砲を嫌ったからである。

✤大砲の数の差が勝敗を分けた？

秀吉が指揮した合戦を思い浮かべてほしい。若いときは別にして、織田軍団にその人ありと知られるようになってからは兵糧《ひょうろう》攻め、水攻め、あるいは調略《ちょうりゃく》によるものが大半で、兵力にまかせて力攻めを選択するということがまずなかった。

たとえ敵であっても、人を殺してしまえば得られるものが少ないことを秀吉は知っていたのだ。これは旧主信長を反面教師として自然に身につけた人生哲学の一つだった。それゆえ、敵に与えるダメージを最小限に抑えようとしたのである。秀吉が合戦に大砲を用いることを好まなかったのはそうした考えがあったからだ。もちろん、移動に不便で、製造法がまだ確立されておらず頻繁《ひんぱん》に暴発が起きていたという当時の大砲が抱える現実的な問題がそこに内在していたことも事実だろう。

この秀吉の大砲嫌いが、やがてわが身にアダとなって返ってきたのが、朝鮮出兵である。朝鮮にはほとんど大砲を持たずに渡った日本軍は、陸戦においても海戦においても朝鮮軍の洋式大砲にさんざん悩まされたことが記録されている。

大砲を引っ張り出すまでもなく、日本の覇王《はおう》たるわしの威光《いこう》にひれ伏すに違いない――と勝手に思い込んだところに秀吉の失敗があった。いずれにしろ、この朝鮮出兵のさ中に秀吉が没すると、大砲政策は家康の手に移ることになった。

家康自身、合戦に明け暮れるこの日本の国土に平和を呼び戻すには自分が天下の覇権を握るしかない、という固い信念の持ち主だった。そのために大砲を使うことを是《ぜ》とした。

家康は来たるべき天下分け目の東西決戦に備え、英国の東インド会社から最新のフランキ砲を五門購入する一方、国友鍛冶に接近し、大量の大砲を発注した。こうして関ヶ原の戦いの当日、家康率いる東軍は三十門以上の大砲を用意、一方の石田三成の西軍のそれはわずか五門だったという。この大砲の数の差が勝敗に現れて出たと言ったら、言い過ぎだろうか。

✤百雷の一時に落ちたるが如く

家康が合戦で最も大量の大砲を使ったのは、豊臣との最終決戦、すなわち大坂の陣においてであった。家康は冬の陣（慶長《けいちょう》十九年＝一六一四）の直前、英国から射程六千メートル級のカルバリン砲を四門購入するなど大小約三百門（数についてはもっと多かったとの異説あり）の大砲を内外から集め、それらを城下の三方向に配置したという。カルバリン砲の弾丸は直径が十センチ近くあり、ちょうどソフトボール（大人用）程度の大きさだった。

家康は、この三百門の大砲で大坂城に向かって一斉射撃させた。それも昼夜を分かたず、一日中のべつ砲弾を大坂城に浴びせかけたのである。先述したように当時の大砲はまだ炸裂弾ではなかったので命中しても被害は限定的で、命中精度自体も悪かった。さらに、秀吉が精魂傾けて建造したこの大坂城は、特に城壁などは大砲の弾丸をある程度想定した頑丈な造りになっていたこともあり、城に立て籠《こ》もる大坂方にとって大した脅威ではなかった。

問題はその発砲音だった。ドーン、ドーン……と腹の底に響きわたるような発砲音はまさに百雷の一時に落ちたるが如くで、それが間断なく聞こえてくるのだから、たまったものではなかった。城方ではおちおち熟睡するわけにもいかず、ほとんどが睡眠不足に陥ってしまった。このときの激しい発砲音は遠く山を越え京都市中にまで届いたほどだった。

やがて、そのうちの一発が、淀殿《よど》が籠もる大坂城本丸の居間を直撃する。この砲弾が、その後の豊臣と徳川の運命を左右した。このときの砲弾の直撃により、複数の侍女《じじょ》が即死したのだ。淀殿はその無残な死体を目の当たりにして恐怖心にかられ、家康から提示された大坂方にとって不利な和睦《わぼく》を安易に受け容《い》れてしまうのである。

こうして翌年の夏の陣において難攻不落を誇った大坂城もついには陥落《かんらく》、淀殿は息子秀頼《ひでより》と共に紅蓮《ぐれん》の炎に巻かれて生涯を終えるのであった。

✤諸藩の火器類を一点残らず管理

大砲という新兵器を、天下の覇権をその手に握るために一片のためらいもなく活用してみせた家康。その後の徳川幕藩《ばくはん》体制下による大砲政策だが、家康本人はそれほど厳しい管理統制を考えていたわけではなかったようだ。ところが、大坂夏の陣ののち、すぐに亡くなると、後継将軍や幕閣《ばっかく》たちは大砲や鉄砲の威力を恐れ、その所持を厳格に取り締まった。これにより、諸藩は保有する火器類を一点残らず幕府に報告しなければならなくなり、新たに買い入れることはほぼ不可能となった。

取り締まりは当然、国友鍛冶など製造する側にも向けられた。幕府から舞い込む細々とした注文をこなすばかりとなり、改良や新兵器の工夫などは夢のまた夢となった。この国友鍛冶だけでもピーク時（大坂夏の陣があった年）には村で七十数軒あった鍛冶屋が、幕末期の安政五年（一八五八）には十数軒にまで激減していた。もはや徳川幕藩体制下にあって、大砲や鉄砲は刀槍《とうそう》同様、無用の長物でしかなかったのだ。日本人がその重要性・必要性に改めて気づかされるまで、幕末・維新《いしん》の動乱期を待たなくてはならなかった。

なお、大友宗麟が「丹生島城の戦い」で「国崩し」を使ったのが天正十四年であると先述した。一方、信長が起こしたこの「第二次木津川口の戦い」は天正六年で、「丹生島城の戦い」より八年も前のことである。それでも「第二次木津川口の戦い」がわが国の戦史上、大砲が使われた嚆矢と言われないのは、この海戦で使われたのは大砲といっても、せいぜい火縄銃を大型にしたようなものであったと推定され、「国崩し」とは大きさ、威力共に比べものにならないと考えられているからである。

九十三歳で関ヶ原の戦いにも参加した弓の名手、雲八の半生をめぐる

✤武士の間で流行した通し矢

江戸時代前期、建物の軒下を弓矢で射通す競技「通し矢」が武士の間で流行した。なかでも、京都蓮華王院《れんげおういん》本堂（通称三十三間堂）で行われる通し矢がその〝本家〟とされた。

ここの西側軒下を南北に射通す競技で、一昼夜（二十四時間）にどれだけ多くの本数を射通せるかを競った。この軒下は全長が約百二十メートルもあり、さらに高さ四・五～五・三メートル、幅二・四メートルという軒下空間をどこにも触れずに端から端まで射通さなくてはならない。

寛文《かんぶん》九年（一六六九）に尾張《おわり》藩士の星野勘左衛門《ほしのかんざえもん》という者が、一昼夜に一万五百四十二本の矢を放ち、うち八千本を成功させた。この記録はしばらく破られることはなかったが、十七年後の貞享《じょうきょう》三年（一六八六）、紀州《きしゅう》藩士の和佐大八郎《わさだいはちろう》が総矢

数一万三千五十三本のうち八千百三十三本を成功させ、見事天下一の称号をわがものとする。以来、この大記録を破る者は現われていない。

和佐大八郎は記録達成の功績により、それまで部屋住み（居候）の身分だったが、藩から知行三百石を賜《たまわ》るようになったという。

この大八郎の記録は、二十四時間に換算すると一時間あたり五百四十四本、一分間では約九本のハイペースだ。しかも、そのうち約六二％もの矢を成功させていることを考えれば、まさに神業《かみわざ》と言うしかない。

戦国期、この和佐大八郎に勝ると劣らない弓の名手がいた。しかも、その男はなんと九十三歳の超高齢で天下分け目の関ヶ原の戦いに出陣しているのだ。一体、どんな人物だったのだろうか。

✤賤ヶ岳の戦いで八千石を頂戴

その弓の名手は、名を大島光義《おおしまみつよし》、通称雲八《けう》という。孤児の身から弓の腕前だけで大名にまで上り詰めた、戦国期でも稀有な人物である。

光義は、美濃《みの》大島（岐阜県大垣市）で、永正《えいしょう》五年（一五〇八）に誕生したという。

今川義元《いまがわよしもと》も武田信玄《たけだしんげん》もまだこの世に生まれていないころだ。幼少期に父が戦死し、いったんは孤児となるが、たまたま十三歳で参加した合戦で弓の腕前を認められ、美濃斎藤氏に属する長井道利《ながいみちとし》に仕《つか》える。

その後、光義は斎藤氏を滅亡させた織田信長《おだのぶなが》に引き抜かれるまで、どんな戦《いくさ》に出てどんな活躍をしたかは伝わっていない。織田家で弓足軽頭の役職を与えられたときはすでに五十代半ばになっていた。

その後、浅井《あざい》・朝倉《あさくら》連合軍との戦い（姉川の戦い、坂本の戦い）などで戦功があり、信長から直々に称賛される。このとき信長は、

「まるで白雲を穿《うが》つような働き」

と弓の腕前を褒《ほ》め、以後は「雲八」と名乗るよう命じたという。

また、本能寺の変が起こった天正《てんしょう》十年（一五八二）には、信長から、

「射芸をもって数度戦功の賞」

として近江《おうみ》（滋賀県）国内に百石を与えられている。

信長没後、羽柴秀吉《はしばひでよし》と柴田勝家《しばたかついえ》が争うようになると、光義は秀吉に味方した丹羽《にわ》長秀《ながひで》（織田家にあっては勝家と並ぶ宿老）の家来となる。賤ヶ岳《しずがたけ》の戦いでは、光義

は大きな戦功を立てたらしく、戦後八千石に加増されている。

同じ賤ヶ岳の戦いでは「七本槍」の筆頭と称され、一番槍・一番首の大功を挙げた福島正則《ふくしままさのり》でさえ、戦後に秀吉から頂戴したのは五千石だ。それを考えると、かなりの大手柄を挙げたことが想像されるが、残念ながら詳細は不明だ。

✤生涯現役を貫く

丹羽長秀が亡くなると光義は秀吉に引き抜かれ、秀吉の甥《おい》・羽柴秀次《ひでつぐ》（のちの関白）に転仕《てんし》する。このとき八十四歳になっていた光義は、秀次に命じられ弓の腕前を披露している。

それは、京都の象徴とも言うべき東山法観寺の五重塔、通称八坂の塔（高さ約五十メートル）の最上階にある小窓に矢を射込むというもので、光義は地上から十本の矢を放ち、十本すべて窓に射ち込み、塔の天井に突き立ててみせたという。

その後光義は、小田原征伐に参戦、朝鮮出兵にも加わり、弓部隊を引き連れ肥前《ひぜん》名護屋《なごや》城に在陣している。秀吉の晩年にはこれまでの数々の戦功が認められ美濃国や摂津国などで一万千二百石を頂戴し、大名となった。このとき九十一歳。まさに、弓で射止めた大名の座であった。

それから二年後の関ヶ原の戦いでは徳川家康《とくがわいえやす》の東軍に属し、上杉討伐の会津遠征にも参加しているという。戦後は一万八千石に加増され、同時に家康から真壺《まつぼ》（呂《ル》宋《ソン》壺の一種）と大鷲《わし》を賜っている。

光義が亡くなったのは慶長《けいちょう》九年（一六〇四）八月、九十七歳の大往生であった。生涯に五十三度の合戦に臨み、四十一通の感状を頂戴したという。隠居することを嫌い、生涯現役を貫いた猛将だった。所領は嫡男光成《みつなり》以下四人の息子たちに分知され、それぞれ万石以下の旗本となった。

■主な参考文献

「日本全史」（講談社）、「名将言行録　現代語訳」（講談社学術文庫）、「合戦の日本史」（安田元久監修＝主婦と生活社）、「戦国武将百人百害」（山村竜也＝PHP研究所）、「歴史を動かした男たち　古代・中近世編」（高橋千劔破＝中公文庫）、「戦国名刀伝」（東郷隆＝文春文庫）、「臨時増刊57　謎と異説の日本史総覧」「日本史暗殺100選」（森川哲郎）「日本史異説100選」（尾崎秀樹編著＝以上、秋田書店）、「別冊歴史読本　江戸時代考証総覧」「同　間違いだらけの歴史常識」「同　特別増刊　日本の英雄350人とっておき裏話」「同　84年5月号　日本史その後どうしたどうなった?」「天下取り採点　戦国武将205人」「教科書が教えない　歴史有名人の晩年と死」（以上、新人物往来社）、「名刀伝」（細谷正充編＝角川春樹事務所）、「コンサイス人名辞典　日本編」（三省堂）、「朝日　日本歴史人物事典」（朝日新聞社編）、「日本奇談逸話伝説大事典」（志村有弘・松本寧至編＝勉誠社）、「歴史人15年4月号」「日本暗殺総覧」（泉秀樹＝以上、ベストセラーズ）、「図解『武器』の日本史」（戸部民夫＝ベスト新書）、「戦国武将　逆転・復活への闘い」（二木謙一監修）「戦国史が面白くなる『戦国武将』の秘密」（渡邉大門＝以上、洋泉社）、「別冊宝島2120号　日本刀の本」（蓮見清一）「戦国武将の鎧兜」（別冊宝島編集部編）「日本の鎧兜　名将の甲冑全74領」（以上、宝島社）、「歴史群像シリーズ51　戦国合戦大全　下巻」「歴史群像シリーズ特別編集　決定版　図説・日本刀大全」（以上、学習研究社）、「図解　日本刀事典　刀・拵から刀工・名刀まで刀剣用語徹底網羅!!」（歴史群像編集部編）「図説・戦国甲冑集」（伊澤昭二監修・文＝以上、学研プラス）、「図説　日本刀入門」（歴史群像編集部編＝学研パブリッシング）、「詳説　日本史図録　第6版」（山川出版社）、「最強日本刀列伝」（日本刀愛好会著＝ダイアプレス）、「物語で読む日本の刀剣１５０」（イースト・プレス）、「すぐわかる日本の甲冑・武具」（笹間良彦監修・棟方武城著＝東京美術）、「変わり兜×刀装具　戦国アバンギャルドとその昇華」（大阪歴史博物館編＝青幻舎）、「戦術、時代背景がよくわかる　カラー版　戦国武器甲冑事典」（中西豪・大山格監修＝成文堂書店）、「図説　日本合戦武具事典」（笹間良彦著＝柏書房）、「図解　武将・剣豪と日本刀」（日本武具研究会＝笠倉出版社）、「戦国甲冑うらばなし」（井伊達夫著＝甲冑同考会）、「武器と防具　日本編」（戸田藤成著＝新紀元社）、「図説　戦国時代　武器・防具・戦術百科」（トマス・D・コンラン著、小和田哲夫日本語版監修＝原書房）、「名刀と日本刀　刀がつなぐ日本史」（渡邉妙子著＝東京堂出版）

青春文庫

刀剣《とうけん》・兜《かぶと》で知《し》る
戦国《せんごく》武将《ぶしょう》40話《わ》

2017年11月20日　第1刷

編　者　歴史《れきし》の謎研究会《なぞけんきゅうかい》

発行者　小澤源太郎

責任編集　株式会社プライム涌光

発行所　株式会社青春出版社

〒162-0056　東京都新宿区若松町 12-1
電話 03-3203-2850（編集部）
　　 03-3207-1916（営業部）
振替番号　00190-7-98602

印刷／中央精版印刷
製本／フォーネット社

ISBN 978-4-413-09683-6

万一、落丁、乱丁がありました節は、お取りかえします。

ほんとうのあなたに出逢う ◆ 青春文庫

「めんどくさい人」の心理

トラブルの種は心の中にある

なぜ、あの人はトラブルをいつも
引き寄せるのか？　職場・家族・
人間関係で人とモメない心理学

加藤諦三

(SE-664)

その後の顚末《てんまつ》

誰も知らなかった日本史

厳しい弾圧で「棄教」した
二人のキリシタンの謎と真実…ほか
結末に隠されたドラマに迫る！

歴史の謎研究会［編］

(SE-665)

子どもの心に届く「いい言葉」が見つかる本

その「ひと言」には、
人生を変える力が宿っている――。
悩める心に寄り添う珠玉の名言集。

名言発掘委員会［編］

(SE-666)

お金持ちになる勉強法

身につけたことが即、お金と夢につながる

何から勉強したらいいのかわからない人、
スキルアップしたい人、お金につながる資格を
知りたい人にオススメ！

臼井由妃

(SE-667)

ほんとうのあなたに出逢う　青春文庫

論理のスキと心理のツボが面白いほど見える本

ビジネスフレームワーク研究所［編］

「説得力」のカラクリ、すべて見せます。アタマもココロも思いどおりにできる禁断のハウツー本。

(SE-680)

なぜか子どもが心を閉ざす親　開く親

加藤諦三

一見、うまくいっている親子が実は危ない。知らずに、子どもの心の毒になる親の共通点とは！

(SE-681)

知られざる幕末維新の舞台裏　西郷どんと篤姫

中江克己

たった一度の出会いながら、深い縁で結ばれていた二人の運命とは！——大河ドラマがグンと面白くなる本

(SE-682)

刀剣・兜で知る戦国武将40話

歴史の謎研究会［編］

塩の礼に信玄が送った名刀の謎。大槍「蜻蛉切」に隠された本多忠勝の強さの秘密…。武具に秘められた波乱のドラマに迫る！

(SE-683)